U0603446

罗健文 著

我家孩子不一样

特殊教育需要子女的治疗与成长

上海教育出版社
SHANGHAI EDUCATIONAL
PUBLISHING HOUSE

培养新一代

年轻的心　驿动却美丽

认识　贴近

关爱　同行

创造新一代更动人的生命

序

在心理辅导领域，关于特殊教育需要子女与家庭健康方面的图书并不常见，尤其是有关普通学校里特殊教育需要的中小学生心理健康的题材更为罕见。过去，即使有介绍特殊教育需要学生，也主要从个人心理角度出发，分析这些儿童和青少年的特殊行为和病征，大多强调症状引致的行为问题或教育他们的具体方法。而且，因书籍并非香港本地原创出版，书中援引的例子，并不切合在香港就读中小学的特殊教育需要学生。

香港特殊教育委员会指出："特殊教育需要儿童，是指那些不能从为其他同龄儿童而设的课程中充分获益，或在普通学校环境下未能获得充分照顾的儿童。"他们只要具有以下特征中的一种，便可被视为有特殊教育需要：

（1）听觉弱能；

（2）视觉弱能；

（3）身体弱能；

（4）精神发育障碍；

（5）适应困难；

（6）学习困难。

市场上所见的学生辅导书籍，多数以融合教育或个别学习计划为焦点，较少考虑特殊教育需要学生的家庭经验，故未能探究如何为他们提供心理支持及家庭支持。这些辅导书籍大多重视人我关系，教导读者如何协助特殊儿童与人相处，改善沟通技巧，读者很容易局限于人对人的狭窄角度。其实，人们的社群关系或家庭经验，并不是二元对立，我们不可忽视人所在的情境对个人行为、情绪和认知经验的影响。

每个人的经验与成长，与当前的困扰不一定有直接的因果关系，但当下身处的情境结构会影响人的行为。临床心理治疗干预时，不单探究个人行为，也要仔细观察个人与他人的相处模式，检视个人与社群和家庭的关系结构。

有关香港学生的心理辅导类图书不多，即使有，其取向也以学生的问题为叙述中心，或探究其种种行为。这些书籍仍然以沟通和问题为主调，分析种种阻碍特殊教育需要儿童发展的障碍，提供改变他们行为的方法。

可是，我听过许多故事，深深体会家庭生活对这些孩子的深远影响。他们的家庭状态影响他们的个人认知，甚至导致偏差；若其家庭有某些功能失调，会加剧他们的问题：他们与家人、同辈相处时，要是遭受心理攻击，或因其情绪引发冲突，都可能对他们的心智发展造成伤害。

笔者的临床个案多为有适应困难及学习困难的中小学生，而本书探究的个案也主要来自普通学校。因此，我选取在融合教育下较常见的案例，包括：

（1）学习障碍（learning disorder）；

（2）阿斯伯格综合征 [①]（Asperger syndrome）;

（3）注意缺陷 / 多动障碍（attention-deficit / hyperactivity disorder，AD / HD）;

（4）情绪与行为障碍（emotional and behavioral disorder）;

（5）阅读障碍（reading disorder，亦称"读写障碍"）。

[①] 繁体字版将 Asperger syndrome 译为"亚斯伯格症"，简体字版正文改用内地惯用译法，统一为"阿斯伯格综合征"。参考文献中保留繁体字版中译法。

本书编排

笔者在书中结合学生辅导个案和临床经验，指出特殊教育需要孩子在学校和家庭中最常表现的情绪与行为问题。父母或教师最感担忧的，是这些孩子经常处于焦虑和烦躁不安的状态，偶尔情绪失控，突然暴怒，导致与同学发生冲突，结果被周遭的人评定为人际关系不佳和难以管教，这使他们的恐惧、焦虑和愤怒升级。

由于他们习惯负面思考，也不善于沟通和求助，在冲突和压力的情境中往往会作出不当反应，致使心理状况和行为问题恶化。至踏入青春期，因先天缺陷和社交生活障碍，这些孩子的升学直接受到影响。投身社会后，当他们在工作中遇到挫折或不能稳定地做一份工作时，便可能长期隐蔽于家中，给家庭带来沉重负担，或导致心理健康问题。

香港缺乏特殊教育需要孩子的参考案例，也缺乏家庭心理支持的实务临床工作记录和书籍，因此希望本书不仅是学生辅导的工具书，也是本地特殊教育需要者故事的记录本——这些儿童和青少年或有适应困难，或有学习困难，也有各自的家庭遭遇，他们的故事都是真实的生命故事。

要以特殊教育需要孩子为主角，编写一本实用的家庭辅导书，当中涉及很多概念、诊断名词和治疗方法。为了让没有相关经验的读者看懂，也有兴趣继续读，书中不少故事将以第一手经验述说，通过特殊教育需要孩子的行为和表面症状，介绍不同特殊教育需要孩子及其家庭在各方面的情况，并以孩子的成长为导向，记录笔者如何运用心理辅导和儿童发展精神病理学的理论，跟进个案孩子及其家庭的临床治疗和支持历程。

希望通过分享实战经验，对想了解和帮助特殊教育需要孩子的读者有所帮助，也期望以简洁的文字、层次分明的解说，让普通民众尤其是有同样需要而较弱势家庭的父母和孩童照顾者读得明白。本书文字浅显易懂，版式上加宽行距，加大字号，避免密密麻麻冗长的排列，好让家中的祖父母也容易阅读。

爱与成长的真实故事

本书记录了多个家庭的故事。有些是我多年接触的个案，有些是从研究文献中整理出来的。为保护真实案例中的主角，他们的姓名、背景及某些具体的临床细节已作修改，案例中的所有名字都是虚构的。

自决定聚焦这些孩子的家庭困境和支持个案开始，我便相信自己将会沉浸在他们生命的"爱"与"成长"的情感故事里。经过定期的心理支持工作，我深刻地感受到，不仅父母与子女的个人直接关系会影响孩子的心智发展，家庭关系的改善或恶化也会影响亲子感情和家庭功能。良好的家庭关系可以促进家庭教育和儿童教养的良性循环，不良的家庭关系则会导致恶性循环。

我喜欢游走于学术建制的边缘，本土个案记录不应是由"学术编辑"掌控的话语权，而是真实的生活处境，像涓涓细流般流进读者的生活场景，启发无常人生旅途的谦逊关怀。多年来与这些家庭同行，让我看见家庭关系复原的可能，在不确定的表象背后，我们以勇气探索当中的意义，跨越培育特殊教育需要子女之苦与乐。走进特殊教育需要孩子的家庭，记录他们的个案，并不是象牙塔中的论文竞赛，我们看见的是孩子的生命。当我聆听家庭对话时，"窥见"到的是亲子关系灵活多元，可以让孩子发挥巨大的成长潜能。

结构安排

第一、二章从心理性欲发展（psychosexual development）、认知发展（cognitive development）及心理社会性发展（psychosocial development）三个维度，向读者介绍孩子的人格、心理和行为的发展历程。

第三章解说怎样运用"环境交互作用模式""自我概念与社会理解力""家庭调整和适应反应模式"等理论框架，为特殊教育需要孩子及其家庭提供治疗及心理支持。

第四章记述五个真实的特殊教育需要孩子的家庭案例及支

持手法。其中，在"李家的故事：我成长的快乐岁月"中，特意邀请由台湾移居香港的一位"假单亲"母亲，以她女儿乐乐的视角讲述孩童成长经历。乐乐的父亲长期留在台湾工作，乐乐自幼由母亲陪伴留港读书。请乐乐讲述自己的故事，有助于读者明了特殊教育需要儿童的心声。

第五章邀请了专业课程学员邝宝芝同学协助采访。邝同学毕业于香港中文大学新闻与传播学院，曾在电视台负责专访工作多年，并关注特殊教育需要孩子。我们采访了四位家长，将采访整理和编写成相关资料，希望为孩子和家庭发声，也让读者聆听母亲的心声。

我是一位临床工作学者，也是家庭的同行者。走进这些特殊教育需要孩子家庭，记录每段宝贵的经历，除了帮助读者了解他们的生活和心声，也希望帮到这些孩子及其家庭。书中案例是数个典型特殊个案，取自本土家庭，旨在说明治疗者对相关案例的诊断、治疗和支持的理念和考虑。抛砖引玉，期待更多专业人员发展出种种有效的个人及家庭干预策略，促进特殊教育需要孩子的成长，让他们的生活变得更美好！

目录

第一章　特殊教育需要孩子的心理发展　　　　　　　　　1

　　1. 特殊教育需要孩子的发育障碍评估　　　　　　　3

　　2. 个案的个别性评估　　　　　　　　　　　　　　7

第二章　成长的心理需要与发展阶段　　　　　　　　　11

　　1. 心理发展概念　　　　　　　　　　　　　　　　13

　　2. 心理性欲发展　　　　　　　　　　　　　　　　18

　　3. 认知发展　　　　　　　　　　　　　　　　　　24

　　4. 心理社会性发展　　　　　　　　　　　　　　　29

第三章　家庭治疗的概念框架　　　　　　　　　　　　35

　　1. 特殊教育需要孩子与环境交互作用模式　　　　　37

　　2. 特殊教育需要孩子的自我概念与社会理解力　　　41

　　3. 家庭调整和适应反应模式　　　　　　　　　　　50

第四章　聆听家庭的故事　　　　　　　　　　**55**

　　1. 陈家的故事：我的孩子不再有学习障碍　　57

　　2. 黄家的故事：我的孩子不自闭　　　　　　71

　　3. 李家的故事：我的女儿难专心　　　　　　88

　　4. 张家的故事：我的独子抑郁了　　　　　　102

　　5. 李家的故事：我成长的快乐岁月　　　　　120

第五章　特殊教育需要孩子的家长专访　　　　**143**

　　1. 无心兄弟和虎爸苦妈　　　　　　　　　　145

　　2. 机械娃娃和故事妈妈　　　　　　　　　　159

　　3. 不聪明也能加入人生进步组　　　　　　　172

　　4. 我的女儿是夜青　　　　　　　　　　　　185

　　采访感想　　　　　　　　　　　　　　　　201

总结：再思家庭经验　　　　　　　　　　　　　203

参考文献　　　　　　　　　　　　　　　　　　207

致谢　　　　　　　　　　　　　　　　　　　　214

第一章
特殊教育需要孩子的心理发展

1. 特殊教育需要孩子的发育障碍评估
2. 个案的个别性评估

导言

　　特殊教育需要孩子通常在幼儿期已出现发育障碍。临床诊断关注的是孩子的饮食习惯、注意力及专注力、语言及阅读、动作及情绪或与学习障碍相关的症状。对于有精神发育障碍、学习障碍及注意缺陷 / 多动障碍等的特殊教育需要儿童，人们通过儿童的外表或言谈动作可以很快地辨认出来。家长或学校教师发现孩子有类似特质时，很容易仅凭直觉就怀疑儿童有发育障碍。

1. 特殊教育需要孩子的发育障碍评估

临床工作者一般使用美国《精神障碍诊断与统计手册》（第四版修订版）[①]（*Diagnostic and Statistical Manual of Mental Disorders*，DSM-IV-TR）或第五版作为诊断标准，来评估特殊教育需要儿童的发育障碍问题。简单归纳，特殊教育需要儿童的发育障碍类别大致可分为：

（1）精神发育障碍（mental retardation）。

（2）学习障碍（learning disorder）：

- 阅读障碍（reading disorder）；
- 算术障碍（mathematics disorder）；
- 书写障碍（disorder of written expression）。

（3）运动技能障碍（motor skills disorder）：

- 发展协调障碍（developmental coordination disorder）。

（4）沟通障碍（communication disorders）：

- 语言表达障碍（expressive language disorder）；

[①] 繁体字版将 *Diagnostic and Statistical Manual of Mental Disorders,* DSM-IV-TR 译为《DSM-IV-TR 精神疾病诊断准则手册（第四版内文革新版）》，简体字版正文改用内地惯用译法，统一为"《精神障碍诊断与统计手册》（第四版修订版）"。参考文献中保留繁体字版中译法。

- 表达性和感受性语言障碍（mixed receptive-expressive language disorder）；
- 语音障碍（phonological disorder）；
- 口吃（stuttering）。

（5）广泛性发育障碍（pervasive developmental disorder）：

- 自闭障碍（autistic disorder）；
- 雷特综合征（Rett syndrome）；
- 儿童期分裂障碍（childhood disintegrative disorder）；
- 阿斯伯格综合征（Asperger syndrome）。

（6）注意缺陷/多动障碍（attention-deficit / hyperactivity disorder），除了可分为注意缺陷（attention-deficit）、过度活跃/冲动（predominantly hyperactive-impulsive type）及注意缺陷/多动障碍（attention-deficit / hyperactivity disorder）外，还有其他特定的注意缺陷/多动障碍（other-specific attention-deficit / hyperactivity disorder），如品行障碍（conduct disorder）、对立违抗性障碍（oppositional defiant disorder）或破坏性行为障碍（disruptive behavior disorder）等，以及非特定的注意缺陷/多动障碍（unspecific attention-deficit / hyperactivity disorder）。

（7）抽动障碍（tic disorders）：

- 图雷特综合征（Tourette syndrome）；
- 慢性运动或发声抽动障碍（chronic motor or vocal tic disorder）；
- 短时抽搐性障碍（transient tic disorder）。

（8）摄食与进食障碍（feeding and eating disorders）：

- 异食癖（picas）；
- 反刍症（rumination disorder）；
- 幼儿期摄食障碍（feeding disorder of infancy or early childhood）。

（9）排泄障碍（elimination disorders）：包括大便失禁/遗粪症（encopresis）及遗尿症（enuresis）等。

（10）其他障碍：

- 分离焦虑障碍（separation anxiety disorder）；
- 选择性缄默症（selective mutism）；
- 反应性依恋障碍（reactive attachment disorder）；
- 刻板运动障碍（stereotypic movement disorder）。

是不是被以上专业名词吓倒了？有不少父母和教育工作者关注儿童的特殊教育需要，但作为临床治疗者，我们更关注儿童发展精神病理学、儿童在不同阶段的发展历程和目标，以及促进改变的因素等；其中提到的概念指出，精神病理涉及个人行为、认知和情绪模式，即指出个人对自己或对他人表现出不正常（abnormal）、适应不良（maladaptive）、破坏性（disruptive）或使人痛心（distressing）的状况。

参考《精神障碍诊断与统计手册》时，我特别注意引起症状的原因。这些症状本身有着相关的潜在起因，不能只依据几项诊断标准就作出判断，这样容易忽视其他潜在因素，从而导致这些症状或行为表现的潜在起因不一定容易发现。因此，我尽量避免使用有助于确诊的症状列表，不想轻率作出主观判断，更不能把它单单看成病症并据此配药，以免产生不必要的负面标签效应。

在我看来，心理辅导者除了要依据精神病理学诊断特殊教育需要儿童疾患的病理，还要认真思考导致这些症状的原因。因此，我特别留意运用多种临床干预方法，包括运用生物、心理与社会科学理论等，综合了解特殊教育需要儿童及青少年的心理发展和相关行为的联系。特殊教育需要儿童及青少年的种类很多，根据香港教育局通告（12/2015），他们主要有以下一种或多种障碍：

（1）特别学习困难（special learning difficulties，SpLDs）；

（2）智力障碍（intellectual disability，ID）；

（3）自闭症谱系障碍（autistic spectrum disorder，ASD）；

（4）注意缺陷，注意缺陷 / 多动障碍；

（5）肢体残障（physical disability，PD）；

（6）视力缺损（visual impairment，VI）；

（7）听力缺损（hearing impairment，HI）；

（8）言语与语言缺损（speech and language impairment）。

2. 个案的个别性评估

这些儿童的症状可大致区分为学习障碍、沟通障碍、情绪与行为障碍、肢体障碍以及发育障碍。本书探究的个案主要来自普通学校的融合教育儿童，根据相关分类及本人的临床实战经验，选取患有以下较常见障碍的个案：

（1）学习障碍；

（2）阿斯伯格综合征；

（3）注意缺陷 / 多动障碍；

（4）情绪与行为障碍；

（5）阅读障碍。

第四章详细记录典型案例的家庭故事，并解说针对该类特殊教育需要儿童的相关辅导知识。笔者重视家长陪伴特殊教育需要子女成长的经历和感受，他们的家庭经历，以及个人或家庭的故事。因此，在第四章，我以归纳的描述方式整理家长访谈记录，帮助读者了解家庭的观点和感受。

了解儿童的心理发展和行为有诸多方向，相关的心理治疗学说及方法各异。对于个别极严重的个案，涉及内因性或器质性的疾患，治疗干预较注重病理的探讨和药物使用。对于那些在普通学校生活的特殊教育需要儿童，心理支持和治疗可以有助于提升他们的自尊感，促进他们的心理健康发展，助力他们面对成长的考验。他们在家庭中遭遇的困境也是治疗干预的方向。

由于儿童及青少年的心智发展离不开学校和社区，治疗干预也会探讨哪些危险因素会诱发或促使儿童及青少年在成长过程中出现心理和精神健康问题，也会检视哪些保护因素能照顾和保护儿童及青少年，让他们免受心理和成长的冲击。

读者或许想知道，我怎样运用这些互动因素协助个案及家庭迈向更健康的生活。在案例解说里，我会展示如何运用"人在情境中"的系统治疗方法，谨慎处理出现在客观环境中不易变化的因素；同时，描述当我走进家庭时，如何与当事人建立信任而亲近的微妙关系，这种关系有助于心理支持和干预治疗的进程。在治疗过程中，必须遵守专业伦理，约束治疗关系的发展，这样才能有效维护案主及家庭的情感和福祉。

认识带来面对困境的勇气

我们关心特殊教育需要儿童的成长，也明白教养和陪伴他们成长并非易事。特殊教育需要儿童的分类多样，其成长发展也非常复杂，我们不能只寻求简单的答案。希望你将本书视为你的装备。或许你曾阅读基本的心理学图书，读本书时觉得耳熟能详，但不要轻看。笔者教授的专业课程的学士、硕士毕业生，也要努力深入了解不同学说的重要性和意义。

　　成长是人生的历程——或许你的先天遗传或环境因素不理想，境遇不如意，但请尽量把这些考验视为挑战，实现自己的潜能，赋予个人生命更多可能和希望。我们只是由过去塑造，也会追求成长，努力成为理想的自己。

　　成长也意味着我们与他人、与社会及所处世界的关系，我们在成长中不断学习和选择，改变人生，目标是迈向美好的未来。人本关怀的心理学者认为，人的所有行为都有抉择，并具有目的和意义。我们虽是独立的个体，但作为社会的一员，与他人联系，能让我们有勇气面对并处理生活的困境和问题。

第二章
成长的心理需要与发展阶段

1. 心理发展概念

2. 心理性欲发展

3. 认知发展

4. 心理社会性发展

导言

首先，让我们先由浅入深，了解几个重要的儿童心理发展概念：

（1）心理性欲发展；

（2）认知发展；

（3）心理社会性发展。

本章将分步解说这三个概念的不同视角，阐释儿童的人格、心理和行为的发展历程。

1. 心理发展概念

首先，从发展心理学解说人的成长。

婴幼期

幼儿从出生到一岁左右，大脑皮质机能仍未成熟，他们的一切反应属于反射性的被动性反应，如抓握反射动作。初生婴儿在情感上会表现出愉快与不愉快的情绪，以笑和哭来表达需要。婴儿的意识约在出生两至三个月后才明显，会对外界的刺激作出反应。新生婴儿的反射动作慢慢地被随意动作取代，脑部发育随之进入"大脑中枢时期"。中枢神经系统由脑和脊髓组成，是整个神经系统的控制中心，负责接收和整合从外周神经系统传来的信息，再依据接收到的信息作出反应或发出动作指令，对熟悉的人和外界渐渐开始了"再认作用"。

随着身体肌肉和骨骼机能的发育，婴儿会自主地在床上或地板上翻身，知觉发展使他们逐渐能分辨不同的颜色。四至五个月时，开始对别人不同的表情作出反应；同时开始牙牙学语，也会把头转向声源，喜欢能发出声音的对象或玩具。约六至八个月，婴儿学会坐，视觉上能分辨东西的距离。语言能力也开始发展，模仿大人发声，发声渐趋复杂；情感上除了会表现出不愉快，还会表现出生气、嫌恶和恐惧等。

两岁左右是幼儿的自我意识萌芽期。他们能自行走路，情感表达具层次性和多样性，如嫉妒、害羞、愁闷或忧虑的负面情感渐次分明。随着语言能力的发展，幼儿运用的字词越来越丰富，行为多以自我为中心，尤其闹情绪时，特别喜欢以"不"字作反抗，这一时期俗称第一个"叛逆期"。这时期，幼儿的思考特点为直线二元化，简单地把事物和人分为好与坏、是或不是。

儿童期

儿童期，约等于小学阶段，又称童年中期（六至十二岁）。他们的认知能力已经发展到能对实物进行具体分类，以经验和体会获得新知识。这时，个人喜好和习惯逐渐形成，良好的生活习惯有助于儿童建立自信心。他们的自我意识和能力特质也表现得较明显，具备实用性思维，有助于他们脱离幼儿期的幻想性思维，懂得按照个人喜好做事和交友。

在童年中期，他们开始发展自我概念。自我概念是指个人对自己的认知感觉，即对自己是怎样的人的信念及个人心理影像。儿童对自己的看法深受学校经验、师长、朋辈和家庭成员的互动影响。在相当程度上，个人的自我概念取决于别人或重要他人对自己的看法，特别是在童年的自我概念形成期。这种自我看法的形成，关乎周围交往亲近的人对他们的期待，而这种期待往往会影响他们与他人在一起时的行为表现和心理感受与想法。

青少年期

十一至十四岁是童年至青年的过渡期。该阶段的少男少女生理渐趋成熟，身体出现第二性征，伴随生理上的剧烈变化，个人心理也会出现特殊的改变。最明显的是青少年渴望独立自主，摆脱儿童期对父母的依赖。但他们缺乏社会经验，心理上尚未成熟到可以应付完全独立的生活，内心充满挣扎，以致常常感到不安和焦躁。

为应付这些内在冲突，他们经常不听从父母或师长的意见，甚至会采用极端甚至激烈的手段作抗争，意图挣脱父母的管束。这一时期在心理发展上被称为第二个"叛逆期"。由于不想依赖父母，青少年转而寻求师长、同学友辈的理解和接纳，如果在这一过程中感到被同辈排斥或孤立，便会感到很大的压力和不安。但是，并不是所有青少年都会这样虚张声势，争取独立，有一些会倾向逃避，在情绪和生活上依附父母。在心理学上，这种"永远长不大的孩子"时期，称为"持续终身的青春期"。

长辈与同辈

青少年随着学习能力的增长，社会经验的增多，对于事情非黑即白的二元绝对性，已不能全然接受。他们的批判能力逐渐增强，不易全盘接受别人加之于他的意见及常规，也能观察到父母的弱点，渐渐对父母感到失望，开始批评父母，甚至"看不起"父母。这种"看不起"的态度，可能只针对某些权威人物；同时，青少年又会倾向于从外界寻找类似父母型的权威，一旦找到，会容易听从指示，满足内心仍想有人可依赖的需要。

从少年期到青春期，青少年的另一心理课题是建立自我认识，心理性别认识是其中重要的一环。当第二性征出现，社会和周围的人期待他们的表现符合其性别。这时候，青少年对异性或"性"的兴趣大增。他们渴求表现自己的性别角色，又十分关心别人怎样看自己。这驱使他们学习与同辈结伴或亲近，和其中一些同辈还会成为亲密朋友。在这一阶段，青少年如何与同辈建立亲密的感觉，与朋友保持亲密关系，是很重要的。假若他们未能从关系中得到认同，就容易感到孤单。

认同的心理需要

认同感在人的个体化历程中非常关键。个体化意指个人从自己的家庭系统分离出来，建立一个以个人经验为基础的认同。由于自小受中国文化的家庭观念影响，本地青年人在心理上要脱离父母，可能不是一种主流的价值观。但这并不是要摆脱与父母的联系，而是要调整与父母的关系，发展个人的道德和价值观。这时候，青年人需要良好的角色楷模，在寻找认同中，选择正确的生活信念和价值观。

事实上，我们的童年经验直接影响自我概念的建立。如果我们在这一阶段未能发展出明确的认同感，还要经历焦虑、沮丧和疏离的关系，将会影响我们在成人期的适应能力和生活态度。青春期是一个人立志成为"我是怎样的人"的关键时期，在这一时期，青少年建立自我概念，发展完整人格，才能顺利进入成人期。

2. 心理性欲发展

　　心理性欲发展学说由精神分析学家弗洛伊德（Sigmund Freud）提出。他在诊断神经症患者的心理疾患时，发现患者幼儿时的经验和早期的发展历程影响其日后的成长。弗洛伊德使用生理器官的名词，象征地解说人在不同阶段的发展。他的发展学说描述了个体的生物本能、生理和心理的演变历程，说明自我心理成熟的过程。

婴儿期

　　让我们先从婴儿（出生至两岁）的心理和行为发展谈起。当初生婴儿的生物本能和生理需要获得满足时，他们自会得到安全感。这些生理需要包括肚子饿了想吃奶，吃饱疲倦了想睡觉，身体不舒服了会哭，被父母或照顾者抱着得到安慰等。这些欲望的满足，主要经口腔的吸、吃和喝而获得，也经皮肤的触、摸和抱而获得。弗洛伊德认为这是心理性欲发展的第一阶段，象征性地称之为"口唇期"（oral stage）。

　　在口唇期，你与我的界限——被称为自我界限（ego boundary）——尚未形成。婴儿与父母或照顾者的关系好像混为一体，若婴儿心理上认为妈妈不愉快，自己也会不愉快。婴儿的心理活动中只有自己，故这一阶段亦称"自恋"（narcissistic）的阶段。婴儿遇到挫折时，常用否定现实和歪曲的自我防御来保护自己的心理状况，这也称为"自恋性心理防御机制"（narcissistic defense mechanism）。

幼儿期

幼儿二至三岁时，随着运动机能的发展，学会行走，喜欢四处走动，开始学习自主控制肌肉及身体，心理上也学习如何控制自己的生理机能和生物本能。因幼儿学习自主控制大小便排泄机能，这一时期亦被象征性地称为"肛门期"（anal stage）。这一阶段的幼儿要学习满足生物本能和生理需要，适应外界环境的要求和规律，并接受现实世界的约束。

从心理结构来说，与婴儿期相比，幼儿在这一时期最明显的发展转变是渐渐建立自我意识。婴儿被抱着照镜子时，对镜子中的"我"没有反应，并不知道这是自己的影像；但幼儿走到镜子面前，看见镜中的影像就知道这是"我"。由于经常与外界接触，幼儿能明显地辨别出"我"与"你"的区别和存在关系，这就是"自我界限"的发展和形成。因自我意识日渐增强，相对婴儿期的自恋阶段，幼儿开始感到来自他人（多指父母或照顾者）的压力，呈现出"否定"的态度。在这一阶段，幼儿否定他人的意志，故这一时期称为"幼儿反抗期"，但这与青少年强调个人意见、争取自主的反抗期不同。由于自我控制能力仍未成熟，幼儿遇到困难和心理压力时，通常直接以行动表达欲望，不会自我控制。一旦幼儿无法应对心理困扰，即会呈现"退行现象"，倾向使用较原始、幼稚的方法应付困难，希望以此获取他人的同情和照顾。

儿童期

儿童在四至五岁左右，社交生活范围扩大，开始了所谓的社会活动。这一阶段的知觉发展使孩子能明显地懂得区分男女两性的差别。同时，"自我界限"确立，明显区分"我""你"和"他"。在家庭中，孩子明显能分辨父母亲的形象，会从父母的外表形态、衣着打扮上分辨，也能看出性别差异。除了表达对父母的喜爱之外，他们还会隐藏对父母的特殊情感，开始呈现情感生活里"三角关系"的雏形。

父、母、子的三角冲突关系描述源自希腊神话故事里的《俄狄浦斯王》（Oedipus the King）。底比斯国王曾得神谕警告，他将出生的儿子俄狄浦斯日后会把他杀死，并娶王后为妻。于是，俄狄浦斯出生后，国王把他丢弃于荒野。当俄狄浦斯长大后，回到出生地底比斯，果真把国王（他父亲）杀了，并在不知情的情况下娶了国王的妻子（他母亲）。后来，他知道自己弑父娶母后，便自杀了。

弗洛伊德在《梦的解析》（The Interpretation of Dreams）

一书中解释道，"俄狄浦斯情结"（Oedipus complex）出现在三至五岁的儿童身上，意指儿童认同同性父母，并抑制其本能的发展，对异性开始感兴趣，也造成男性认同与女性认同的差异。

根据弗洛伊德的描述，在心理发展上，男女两性都会经历"俄狄浦斯"阶段。男孩害怕被父亲发现而有阉割的焦虑，转而认同父亲的父权，逐渐摒弃对母亲的恋欲；女孩认知母亲跟自己在生理构造上的缺陷，驱使她想有父亲的阴茎，女孩唯有通过"生儿育女的欲望"解决"拥有阴茎的欲望"（penis envy）。弗洛伊德的心理性欲发展提出人生必经"恋母情结"或"恋父情结"（Electra complex）这一考验，男童与女童才能被催化及萌发趋向渴求异性关系。这一阶段被象征性地称为"生殖器期"（phallic stage），phallic 的拉丁文指小孩的生殖器。当儿童进入"生殖器期"，男孩逐渐模仿父亲，女孩模仿母亲，他们通过对同性父母的"认同"（identification），学习如何成为成年的男人或女人。与此同时，孩童的是非观念渐趋明确，对事情的好坏、对现实与幻想的区分也渐渐清晰。当他们遇到挫折或不被外界接受又无法表达的欲望时，会呈现心理防御机制，以"幻想"（fantasy）来满足现实中不被接纳的欲望。事实上，他们正经历和学习如何成为一个成年的男人或女人，弗洛伊德称之为进入"潜伏期"（latent stage）。

少年期

"潜伏期"指的是六至十一岁的小学阶段，也是迈向青春发育前的阶段。这时孩童对异性的兴趣不太显著，通过家庭教育慢慢学习自己的性别角色，也通过社会教化的过程学习符合自己性别的行为和期望。

青春期

随着生理发育，青春期的少年对异性感兴趣，也迈向成人性生活前奏。青少年的性欲渴望以性器官表现和满足。这一阶段的少年开始具备生殖能力，所以此阶段被称为"生殖期"（genital stage）。他们开始承认和学习接受自己的性欲，并认识自己拥有的性情绪，也要决定怎样表现和反应。因此，青少年要学习即使有性欲望也不一定要选择性行为，并必须确定自己的道德规范，做负责任的选择。这种学习也会帮助青少年确定自己可以成为一个什么样的人。

性是生而为人的重要部分，应视为与情绪、价值观和关系同等重要的发展。青少年在生殖期发展的性观点、态度和行为，对成年后与异性的爱、亲密关系的建立和婚姻生活十分重要。然而，有关性的学习，包括对自己的身体或性爱的认识，未必能从家庭教育中得到适当指导。如果他们是从网络、传媒或朋友那里间接得到性知识，这很可能成为负面的性教育。这些信息不少已经扭曲，令人产生对性的不实在和不健康的态度，导致个人对性情绪和行为产生恐惧和罪恶感。

表2-1 弗洛伊德心理性欲发展简表

阶　段	年　龄	发　展　特　征
口唇期	出生至两岁 （婴儿期）	• 欲望的满足经口腔的吸、吃和喝而获得，也经皮肤的触、摸和抱而获得
肛门期	二至三岁 （幼儿期）	• 学习满足生物本能和生理需要，也接受现实世界的约束 • "自我界限"的发展与形成
生殖器期	四至五岁 （儿童期）	• 从同性父母身上学习如何成为成年的男人或女人 • 是非观念渐趋明确
潜伏期	六至十一岁 （少年期）	• 学习自己的性别角色
生殖期	青春期	• 承认和学习接受自己的性欲 • 认识自己的性情绪

3. 认知发展

认知指个人自出生至青春期前后，通过感觉器官来接触和认识外界，从而了解和思索外在世界和事物。皮亚杰（Jean Piaget）的认知发展学说包含两个基本假设。第一，假设儿童是主动追求与环境的交互作用，而不是被动地接受环境的刺激。例如，婴儿出生后一至四个月，会借由主动的看、听、触摸或吮吸探索外界，这些行为对他的认知行为发展相当重要。第二，人对外界的认知具有普遍性，儿童的行为由生理状况与环境交互作用决定。交互作用论指出遗传因素与后天环境存在某种程度的关系，而且彼此影响。儿童的主动探索促进自己的智力发展，塑造个人的逻辑思维，塑造个人经验，这是"了解即发明"（To understand is to invent）的观点。

认知发展的历程是渐进的及连续的过程，亦是结构组织与再组织的过程，而每一次组织都会包含前一次组织的内容。

婴儿的认知发展

认知发展分为四个阶段。第一个阶段是感觉运动阶段（sensory motor stage），婴儿通过感觉和动作了解外界，如亲眼看到、听到或摸到事物才能知道其存在。新生婴儿的行为完全是天赋的，具有反射及固定的特性，不须经过学习经验而来，而是出自遗传的本能。但是，物体概念不是天赋的，婴儿出生时，除了反射行为之外，并未觉察任何物体的存在。他们未能将自己与环境区分开来，当大人给他们物体时，他们的反应只限于吮吸、抓握或注视等反射反应。

婴儿在一至四个月期间，视觉与听觉开始协调，故能把视线投向声音发出的地方，看看自己听到什么；在四至八个月期间，婴儿会发展物体恒存的概念，开始分辨自己与物体的运动。在物体移动时，他们会留意物体移动的位置，确定物体预期的降落位置，前往寻找。

八个月至一岁大的婴儿已经知道物体形状与大小的恒常性，并与协调知觉控制的运动联结起来。他们懂得寻找不见了的东西，即使看不见那对象，婴儿也能察觉物体的存在。在一岁至一岁半期间，他们能追踪连续转移位置的对象，并发展出解决问题的能力。不过，对于未看到的对象位置，他仍不懂得辨认。

儿童的认知发展

从一岁半至七岁左右，幼儿处于前运算阶段（preoperational stage），通过对他人、对象和事情的直接观察和个人经验了解具体事物，不过象征性的抽象观念还未发展起来。

前运算阶段与感觉运动阶段最明显的差异在于，幼儿开始使用符号代表环境，而不像感觉运动阶段那样局限于与环境的直接互动。运算指人脑运作的心智和组织，包含内在化、可逆（一种行动，它能返回起点，并能与其他具有可逆性特质的行动整合）、可协调的完整且系统的行动，有助于人获得知识。其具体表现包括将对象分类或将事物排序，以及计算和测量。运算的组织作用很重要，让儿童具备"可逆性规则"（reversibility rules），即逆转（当从某点出发，也可循相反方向回到原点。任何运算都具有可逆性）；或相逆的可逆性（reversibility by inversion or negation），如儿童推开眼前的对象，可把一件物体放入另一组物体中，再取出，就是循相反方向作相同的运算。至于"相互的可逆性或补偿"（reciprocity reversibility or compensation），人的心智运用会将逻辑的逆转（inversion）与相互性（reciprocity）运算统合，这种统合能通过不同的运算，产生与原来的运算不同的结果。例如，一个维度（如高度）改变了，便改变另一个维度（可能是长度或宽度），以获得补偿（即相互性）的结果。

内在化的心智行为

运算的发展是一种内在化的心智表现。最初儿童有执行某种行动的能力，但通过不断学习，这些行动形成稳定的行动图式（schema）。运算不能独立存在，而是组成有组织的统合系统，是一种"整体结构"。一种运算乃是行动的心智作用，遵循相互性及相逆性的逻辑组织规则运作，同时与其他运算组成整体结构的统合系统。前运算阶段儿童无法运用逻辑规则，在思考过程中缺乏弹性，无法寻找出事物的共同特性，将之转变为新信息或新知识。

　　七至十一岁的儿童已可凭具体的说明、解释及举例来获取知识，不再单凭知觉和观察认知，这一阶段称具体运算阶段（concrete operational stage）。儿童能运用逻辑思考解决具体问题，但对于语言的抽象观念及假设仍不易理解。具体运算可分为逻辑算术运算（logical-arithmetic operation）和空间运算（spatial operations）两部分。逻辑算术运算是处理物体间的关系，如分类、按大小排列次序等，还有对物体如何变化，如对非数量增加或减少及物体的长度或宽度改变等，能认定系统的若干特性（如物体数量）是维持不变的。至于空间运算，儿童开始掌握透视及投影的空间，能协调不同观点，亦从长度、距离等发展出测量的概念。

青少年的认知发展

　　踏进青春期的十二至二十岁青少年已懂得运用试验、假说、推论，从数据中探究因果关系，这一阶段称为形式运算阶段（formal operational stage）。他们的思考能力具有弹性，并能依据情境想象各种可能性。他们能以证据及正确的情境为前提，经过演绎历程获得结论，这是推理的能力。经验不是主要的探索对象，他们会运用智力，遵循科学的推理模式，寻求解决问题的方法。然而，青少年的思考方式是提出心中建构的理想，如理想的父母、理想的爱情、理想的民主等，并会将个人建构的理想与现实作比较，因此经常发现现实与理想存在差距，从而感到不满和困扰。

这种理想主义源于他们认为自己可以改变未来，应扮演改革者的角色。青少年的自我中心观使他们觉得自己是特别的，不容易接受常规的束缚，又会以为身边的人都在注视他、批评他，势必引起其他人的注目。这种思考模式其实是可以改善的。认知发展学说以整体结构概念解释各发展阶段的行为模式，强调每个阶段的连续次序不变，各阶段的整体结构不可替换，特别是在智力发展方面。因此，只要让青少年从事有效而能训练耐力的实际工作，并通过真实经验拉近理想与现实的差距，他们就能改善过分理想主义及自我中心。

表 2-2　皮亚杰认知发展简表

阶　段	年　龄	发 展 特 征
感觉运动阶段	出生至一岁半	• 凭借感觉和动作了解外界 • 渐渐开始分辨自己与物体的运动
前运算阶段	一岁半至七岁	• 通过直接观察和个人经验了解具体事物 • 抽象观念还未发展起来 • 使用符号代表环境
具体运算阶段	七至十一岁	• 能运用逻辑思考解决具体问题 • 对语言的抽象观念及假设仍不易理解
形式运算阶段	十二至二十岁	• 运用智力，遵循科学的推理模式，寻求解决问题的方法 • 发现现实与理想存在差距，感到不满和困扰

4. 心理社会性发展

　　心理社会性发展关注在社会环境里产生的个人心理课题。埃里克森（Erik Erikson）（Erikson，1963，1982）提出，个体的人生途径及心理路径有着相似的发展阶段，即使不同社会和民族各有不同的生活方式，但目的都是适应社会生活。发展心理学者描述了人由婴儿到老年不同阶段的发展概念，这些理论提供了一份地图，我们由此可以理解生命成长的基础模式。当我们尝试以系统的观点来看个人生命成长的各个阶段，就会发现不同的人即使处于同一发展阶段，也可能存在极大差异，这是因为每个人的原生家庭、社会经济背景、性别、种族、宗教及社会文化各不相同。

埃里克森的发展理论

　　埃里克森的发展理论以弗洛伊德的人格理论为基础，将整个人生划为八个阶段，强调心理社会性因素的发展和每一阶段有待解决的成长危机。他以健康和成长为论述的重点，认为自我的产生建基于社会与文化环境的互动，自我逐渐发展是个人与外界平衡后的结果；关注包括生理、心理和社会三个层面的统合发展。本章只详述从婴儿期至成年前期的有关论说观点，为读者提供一个对特殊教育需要孩子成长有意义的架构。

婴儿期

从出生至两岁，婴儿通过母亲的喂养保育，建立基本的信赖感，感受到被关爱。发展心理学者认为，婴儿出生后第一年，人生的课题是发展对自己、他人和环境的信任感。婴儿期的被爱感是对抗恐惧和不安全感以及建立情绪智力的起点。这种对人信赖的感觉，有助于他日后保持对他人、环境和社会的信任。如果婴儿得不到良好的照顾、喜爱和保护，被遗弃、挨饿、感受到不舒服的挫折感，缺乏基本的安全感，他将对与他人的互动关系产生怀疑和戒心，在童年后期出现恐惧、缺乏安全感或孤立的倾向，表现出嫉妒、攻击和敌意的行为，导致自我与他人的疏离，种下他日不信赖外在世界和他人的心理。

幼童期

儿童在二至六岁间开始发展情绪能力，学习调适个人的冲动和攻击性行为和反应，逐渐了解个人与他人的相互依赖性。此时的儿童意识到自己逐渐萌发的能力，模仿别人，更主动探索，并试图寻找个人能力的范围和极限，从而体验并建立一种胜任感和进取感。如果父母对儿童的个体意识压抑过多，儿童感受到不合理的限制或继续依赖，将会怀疑自己的能力，退缩不前，不愿主动作出尝试，甚至感到一种罪恶感。

与此同时，学前儿童对自己的生殖器感兴趣，对两性性器官的差异好奇，也感受到刺激生殖器带来的快感。儿童如何建立自身性别的认知，也影响他们对性所持的态度。当然，父母毋须过度规范和定下不合乎实际的道德标准，免得让孩子对自己的身体或性的冲动感到罪恶或邪恶。

儿童也具备各种情绪。感受到被爱时，知道自己的情绪被接纳，他们能学习接受自己的各种情绪；当愤怒或负面情绪不被容忍和允许时，则会压抑自己的情绪以满足父母的期望，以免感到失去父母的爱。这会阻碍儿童承认自己的情绪需要，假装没有这回事，逐渐对自己的真实情绪需要变得麻木，负面情绪和愤怒充塞于内。

从我们接触到的儿童和青少年个案，特别是具特殊教育需要的孩子来看，他们的情绪需要往往很容易被忽视和拒绝。这是源于早年的经验，内在化的罪恶感、自责和后悔阻碍了他们的心智健康成长。

童年中期

当进入童年中期（六至十二岁），儿童通过社交活动，拓展对性别角色、沟通技能、肢体能力、生活文化的认识和理解，逐渐发展出一套价值观。他们的主要挣扎是勤奋和自卑。

儿童发展勤奋感时，会追求成就表现，从而感到自己的价值。有早期学习困难或遭遇失败的孩子会感到自卑，他们的自我概念很脆弱，开始觉得自己价值低下，甚至没有什么价值。这种负面及自我批判的感觉又影响其与他人的交往。

儿童童年中期的自我概念发展，很大程度上取决于别人对他的看法。别人言语或非语言的表达，让他知道自己是个怎样的人，别人以怎样的方式看待他。而在后期，儿童已能理解他人的感受，可站在别人的立场或角度思考，亦会对自己所属团体的行动和价值产生认同感，促进同理心的发展，并懂得尊重别人不同的感受和想法。

青年期

青春期（十一至十四岁）是个充满矛盾的时期，也是从童年期到青年期的重要过渡期。这一阶段的少年具有强烈的冲动，如前文所述，他们自恃长大，想挣脱父母的限制，夸大个人的独立性以掩藏自己仍须依赖他人的需求。在所谓叛逆的青春期，他们的对抗莫过于寻求发言权及表达自己的独特性，并以"我想怎样"的自作主张，争取个人的独立权利。

迈进十四至二十岁的青年期，青少年面临的主要是个人认同与角色混乱的冲突。他们不单要学习成人的成熟举止，同时要面对同辈的竞争和主流价值的认同带来的压力、抉择考虑。青少年需要良好的榜样及生命导师指导他们，学习以更成熟和负责任的方式行事，发展个人道德和价值的认同，让他们在作出重大抉择和承诺前，认识自己并期待自己成为什么样的人。

表 2-3　埃里克森人生八阶段简表

阶　　段	发展任务 VS 危机	顺利发展	可能遇到的问题
婴儿期	信任 VS 猜疑	• 信任别人，有安全感	• 焦虑不安、无助
幼童期	自主 VS 羞怯、疑惑	• 自信地学习	• 处事缺乏自信
学前期	进取 VS 罪疚	• 主动好奇	• 因不能达到别人的要求而内疚退缩
儿童期	勤奋 VS 自卑	• 得到赞赏，更加勤奋	• 遭遇挫折、自卑
青年期	自我认同 VS 角色混淆	• 明确的自我概念	• 彷徨迷失
成年期	亲密 VS 疏离	• 建立亲密关系，又能保持自我独特性	• 人际关系疏离
中年期	传承创新 VS 停滞	• 对周遭有抱负及关爱	• 对一切漠不关心
晚年期	自我整合 VS 悲观绝望	• 满意人生成就	• 悔恨旧事

第三章
家庭治疗的概念框架

1. 特殊教育需要孩子与环境交互作用模式
2. 特殊教育需要孩子的自我概念与社会理解力
3. 家庭调整和适应反应模式

导言

特殊教育需要孩子与一般孩子一样，在不同的人生发展阶段，有必须完成的个人成长任务。

1. 特殊教育需要孩子与环境交互作用模式

交互作用理论强调，发展是人与环境多种因素的互动，特殊教育需要孩子会因与环境互动而产生独特的心理健康历程和轨迹。特殊教育需要孩子与他人交往时，他们的特殊状况会影响家人；孩子的特殊困难向外界公开后，会影响孩子自己的社交关系。结果，这些孩子对自己形成负面认知评价，产生错误的应对策略，这不仅影响他们能得到的支持，而且影响他们的家庭状况，并进一步影响他们的教育环境与认知应对。

当我们走进特殊教育需要孩子的家庭，必须先理解孩子对特殊教育需要的认知、行为反应和在现实环境中如何互相影响，从鲜明的生态系统考虑儿童的心智发展需要，并思索哪些环境的交互作用能促进他们的心理健康发展。

然而，通常情况下，探讨特殊教育需要孩子个案时，人们大多关注个体的缺陷和先天不足，很少详细探索他们的家庭生活状况，更易忽略家庭成员以及他们生活的社交环境怎样影响家庭对他们的教养、照顾，限制了特殊教育需要孩子的心智成长。

支持孩子，不应只是母亲

笔者的临床经验表明，家人对这些孩子的支持极大地影响着他们精神心理健康的发展。当他们得到家庭的支持和接纳，就能增强自尊感，行为问题也会随之减少。

在香港，特殊教育需要孩子多由母亲照顾，因此，说到"家庭支持"时，人们很容易理解为"母亲支持"。作为男性治疗者，笔者尽力避免以父权眼光进行临床观察，堕入"只有妈妈好"的错误认知中，不想把支持和教育孩子的责任单单落在母亲身上。

特殊教育需要孩子因先天缺陷，成长过程中面对的考验和挑战会比一般孩子多。他们有时会不可理喻，在公共场合做出不合乎人们期待的行为，父母或照顾者可能会因此感到愤怒、内疚、挫折、无助和无力，甚至觉得无地自容。每当大人心急地指出并试图纠正孩子的错误行为和态度时，孩子又会产生强烈的情绪反应。

事实上，笔者接触的这些家庭，除了父母外，大多数照顾者是老人，即爷爷、奶奶、外公、外婆分担照顾孩子的工作。他们并不了解孩子的特殊教育心智发展需要，也不知道怎样处理他们的心理行为问题。

孩子的社交技能

笔者通过结构性或非结构性的游戏，与他们交流和互动，了解并掌握他们如何回应与环境互动的社会信息。

我们在家访和社交活动中发现，特殊教育需要孩子在一对一的互动中表现相当得体，可以处理一些社会信息以及非语言的沟通，知道自己该说什么，该做什么。即使他们处理社会信息的速度较缓慢，不一定跟得上对话的节奏，容易出现退缩或沉默，但他们可以依靠过去类似的社交经验记忆，表达自己的感受和想法。

不过，他们的朋友不多，很少跟同辈建立紧密关系，甚至在与人交往中表现笨拙，不善言辞，仍会有不被接纳和不受欢迎的感觉。而他们在家中多跟照顾者（多为母亲或祖父母）或年龄较大的成人相处，不自觉地变得依赖。

由此观之，针对个别案例，如阿斯伯格综合征、自闭症、特殊学习困难、注意缺陷/多动障碍孩子，临床工作者必须仔细评估和了解他们是否具有与实际年龄相当的社会行为，更要从对家庭互动的观察中，寻找有关孩子的社会互动技能信息，辅助评估他们在不同社会情境中的行为规范、人际交往能力、交谈形式和内容、面对群体压力的反应等。

虚拟世界的影响

网络的虚拟社会环境也会对特殊教育需要孩子产生不少影响。社交网站及手机群组是青少年的社交场所，在这种隐藏身份的网络群组中，人与人只需通过简单文字或图像沟通，这可以减轻面对面的社交尴尬和不被接纳的感受，对特殊教育需要孩子尤其如此。可是，当他们沉迷网络游戏或社交群组，会阻碍现实的社交生活，与人接触时显得更焦虑，社交行为日渐变得退缩，最终逃避与他人的真实交往。

第四章中一个个案的案主就是学业成绩低落，并表现出抑郁症状的十二岁少年。初一的时候，他在学校经常遭受同学的言语捉弄和欺凌，无论怎样疯狂反击，抑或哭闹申诉，都无济于事。虽然他曾经尝试与同学互动，但依然不受同学欢迎。在学校长期被排斥，不被接纳，给他造成了严重的心理伤害；更甚的是，他被欺凌时作出反应，与同学发生冲突，却总是受到斥责或惩罚，沦为同学的笑柄。这导致他在学期考试后逃学，退缩在家中，沉溺在虚拟世界和互动网络游戏里，多个月足不出户，以致父母焦急无助。若只提出改善个人的社交技巧，对他的帮助不明显，还会使他以为受欺凌是他的问题。

2. 特殊教育需要孩子的自我概念与社会理解力

笔者的临床观察及心理支持干预会关注特殊教育需要孩子的独处学习和面对孤单的焦虑感。

儿童独处时，不用理会社会互动，更不用理会有没有理解力的缺失。他们能通过阅读、浏览网络信息、玩电子游戏或看电视节目进行学习，自行掌握基本知识及语言技能，储备一些社会信息，发展非语言的沟通、理解能力。不过，他们回到群体互动中后，能否表现出与年龄相符的社会行为、理解周围的信息，能否自发及有弹性地调整与外界的互动方式，以及他们的社交关系质量及稳定度等，都是我们关注的方面。

笔者特别关注特殊教育需要孩子的孤单感。他们感到害羞，有社交退缩的现象，部分是因为缺乏所需社交技巧，无法表达自己的情绪和想法，也可能担心或害怕被拒绝。当我们细心聆听他们的自我对话，常发现他们对自己的想法负面，对别人的窃窃私语感到焦虑不安，对他人的负面反应过于敏感，感到不愉快、焦虑和孤单。

孤单及友谊

友谊是重要的社会经验。儿童很早便知道自己需要朋友，并通过一起玩耍、学习了解同伴的想法和感受。他们觉察到自己的言行和意见可能会影响别人的感受和情绪，所以有时会压抑自己的想法和行动，减少冲突，给朋友更多的支持并分享喜好。如果儿童在成长的环境体验中缺乏良好的社会理解能力，与他人交谈时多数都会遗漏语言或非语言（肢体）信息，甚至无法觉察社交线索，难于融入群体生活，也未能理解社会关系的不成文规则。特殊教育需要孩子经常感到孤独、恐惧，渴求朋辈的认同，但即使身处群体，仍感孤单。因为他们担心遭到排斥，在欠缺妥协能力时，只会一味地服从，以为这样可以得到别人的接纳。

别人看我，我看自己

在支持和发展特殊教育需要孩子的社会理解力时，我比较关注他们的自我概念发展。这些孩子在生理与心理上先天发展不足，难以获得社会环境和文化对他们的接纳和认同，容易被贴上"能力有限"或"不健全"的标签，影响其对自身潜能和价值的理解。

儿童怎样看待自己，跟自我概念息息相关。自我概念泛指个人对自己的认知感觉，对自己是怎样的人的信念，以及对个人心理影像的信念。自我概念在一定程度上基于别人对你的看法，自我概念发展则通过社会化过程逐渐形成，并在日常生活经验的累积过程确立。

在小学阶段（六至十二岁），儿童通过与同学和老师接触，以及家庭互动关系，建立对自己的看法。心理影像影响一个人如何看待自己与他人之间的关系，尤其是期望自己是怎样的人、对个人的价值观和潜能的看法，甚至是接受真实自己的程度等。

一般而言，人际关系的社会理解力和互动，包含自我、他人、情境或事件及物质四个范畴。婴儿出生后的几个月，社会经验的影响不大，但随着他们的成长，社交需要增加，他们的主观语言转变成沟通语言，需要发展与同辈沟通的能力，才能了解自己对事物的看法。在这一过程中，儿童会发现自己的观点不一定跟他人相同，也认识到别人不一定要采取与自己一致的立场。因此，他们在口头交换意见时，无可避免地涉及辩论，期望别人信服自己的观点。这一过程能帮助儿童厘清自己的思路和想法，也为认定自己的正确见解而防御，从而建立人际关系的社会理解力。这种理解力表现在同理心上，就是站在别人的立场或角度思考、了解他人的想法，并尊重不同人对事物的不同感受。儿童的社会传递与同辈的交互作用，能帮助儿童了解不同人的观点都是相对的，逐渐摆脱自我中心，通过与他人合作和交流意见，建立沟通情感的经验。

洞察特殊教育需要孩子的心理防御机制

研究者从临床工作观察到，相对其他孩子，特殊教育需要孩子在心理上遇到更多的挫折和困难，这影响了他们自我概念和心理影像的发展。"自我"对儿童的重要性，是他能意识到"我"的部分，是自我对现实的感受，也能区分自己与别人，区别幻想与事实，能够认识现实，也能适应社会环境和现实条件。心理防御是保护自己的心理状况，以减轻挫折带来的压力和情绪上的痛苦。当儿童与青少年有许多不愉快的经历，不能应对时，就会依赖心理上的防御机制（defense mechanism）来适应现实与自我的关系。

前文提过婴儿早期只会爱恋自己，不懂关心他人，尚未形成自己与现实的界限，较常出现最原始而简单的"否定""歪曲"及"外投射"的心理机制，也就是所谓的"自恋性心理防御机制"。

现实生活总有困难，儿童易表现出"否定"（denial），完全否定已经发生的不愉快事情，当事情不曾发生，以回避心理上的痛苦；或是以自己的想法推测别人的想法，甚至推想外界的事实如何。他们以为自己这样想，别人也会这样想。当外投射的心理现象被用作为防御机制时，他们就会将自己不能接受的态度、感觉和想法投射到别人身上。当然，在某些情况下，他们无视外界环境，把一些自己在外在环境中看到、听到的事情加以曲解，即所谓"歪曲"（distortion），以满足内心需要，保护个人受挫折的自我。

随着身体的发育和心智的成长，儿童与青少年应对事情和环境的方式明显改变。少年明白了什么行为是社会可接受的，怎样的反应才算适合。同时，在社会教化过程中，他们学习或模仿父母及重要他人的言行，汲取他们的思想，日渐形成自己的人格。他们通常广泛地将外界的东西毫不选择地吸收，这被称为"内投射"（introjection）。内投射是人格发展未成熟的心理活动，父母的权威对其影响较大。虽然如此，他们又懂得选择吸收及模仿自己爱慕的重要他人的思想、情感和行为，此被称为"认同"。虽然少年会内投射父母或重要他人的行为，但他们有时又会抗拒，即一方面反感大人的某些情绪、行为，一方面却又不自觉地被吸引并模仿他们，以应对困难和外界环境，形成内心的矛盾和痛苦，这被称为"反感性的认同"（hostile identification）。

他们"不成熟"的心理防御机制，可能源于挫折和被拒绝。特殊教育需要孩子会使用较原始而幼稚的方法应付困难，而放弃学习较成熟和有效的新方法，倾向回避问题，却又想获取父母或他人的照顾和同情。他们较常出现的是退行（regression），也会以头痛、肚痛、身体不适或赖床等方式表达，以求获得父母或照顾者的呵护，恢复幼儿时的依赖和特别保护。举例说，孩子在家中温习功课，妈妈叫他把课堂上学的东西述说一遍，他说不出来，会突然大发脾气，赖在地上哭叫乱喊，而不用较成熟和合理的方法，譬如重新温习。

还有一种常见的心理防御机制，叫"补偿"（compensation）。特殊教育需要孩子因生理或心理的缺陷而感到困扰，会尝试用不同的方法弥补，企图证明自己的能力。如果心理补偿运用恰当，儿童就能发挥所长，表现出个人的独特性，产生良好的效果。这有赖父母和师长从旁边指导，减少他们对个人先天缺陷的错误认知，不要曲解自己的潜能，过度补偿自尊感受或不良的自我感觉，否则他们只会感受到不必要的内心冲突和压力。

转化特殊教育需要孩子"自我挫败"的社会信息

每个人对自己的想法，以及如何理解个人的境遇，都会影响他如何评价自己，以及面对压力时的应对能力。故此，我很重视处理、转化特殊教育需要孩子"自我挫败"的想法和社会信息。特殊教育需要孩子因生理或心理的先天缺损，其应对能力会受到影响。对有广泛性发育障碍及沟通障碍的孩子来说，他们的言谈听起来不太自然，而这种对话技巧、语言音调及谈话流畅度，有损别人与他们对谈的兴趣。当我们仔细诊断、了解，发现他们可能听过、说过一些复杂的句子，但不一定能理解这些句子的意义或隐含的信息。他们担心自己出错，在对话时突然停顿思考，说话断断续续，好像在沉思中短暂丧失对话能力，弄得对方不明所以，甚至感到困惑，也会不耐烦地打断他们的话。

此外，他们多数时候独处，容易感到焦虑，慢慢以自我对话或自言自语的方式安抚自己。如果他们的自我对话常带来挫折和自我批评，就容易产生罪恶感，而这些内在化的信息也会带来压力，要改变是相当困难的。

由于精神发育障碍、广泛性发育障碍、沟通障碍及注意缺陷/多动障碍等会使孩子缺乏良好的社会思考，有的甚至连基本的社交常规都不懂，以致他们难以从不同角度看待问题。但是，社交技巧可以通过学习获得。事实上，普通人也不见得一定擅长人际交往；相反，只要具备同理心，学会了解别人的感受，都是可行和重要的社交技巧。

当然，我们要以具体的方式向这类孩子说明怎样处理社会交往的期望和规范，也要避免抽象化的情绪和社会关系概念。不过，教导他们掌控自己与他人的情感流动，以及情绪的复杂性，都不是容易的事。毕竟他们不容易了解别人的想法和感受，需要花较长时间处理相关社交线索的认知信息，这让照顾者颇费心思，而在这一过程中，孩子也可能感到困惑。假若他们的成功社交经验很少，又曾受到别人的取笑侮辱，可导致低自尊，也有愤怒情绪。久而久之，这种心理耗损现象会阻碍他们的情绪理解能力和表达能力的发展。

我与这些孩子伴行成长时，力图打破这种恶性循环，减少他们的社交焦虑和压力。当人惯常感到焦虑，自会影响思考力。当焦虑持续时间过长、程度过于严重时，他们思考和解决问题的方式也会变得僵化，现实感随之减弱，对身处情境变得敏感，身心不自觉地处于绷紧状态，影响他们的生活功能和质量。

家庭的正面功能

无论哪类孩子，从幼年开始建立良好、健康的自我价值十分重要。儿童及青少年重视亲人怎样看待他们。家长要通过社会教化过程，以实际的成就经验为基础，并从具体情境中给孩子适切的鼓励、肯定和欣赏、赞美，从外而内，让孩子建立对个人能力的正面评价。过往研究显示，健康的自我价值启发儿童和青少年发展个人能力、自信及主动性，高自尊能有效预防抑郁，加强自我的防御系统。

有时家长会关心如何教导特殊教育需要孩子守规矩，免得他们情绪失控时带来麻烦。从临床干预，我发现这类孩子的心理状态与父母及照顾者怎样建立孩子的社会觉察能力相关。只要照顾者以身作则，在日常生活细节里知道如何设身处地为别人的需要和感受着想，孩童就能在真实的生活例子中体会如何去了解别人和自己的不同。只要照顾者重视在家庭中为孩子积累成功经验，给予实时及适度的肯定和赞赏；每一天为孩子增添小亮点，肯定他们的每一次小努力，就能培养他们的自信心，继而在日常生活里养成积极而强大的心理素质和自我实现的推动力。

在家庭探访过程中，我发现有些家长借信仰帮助孩子学习正向思维和生活态度，以具体的直接经验参与，示范如何关怀和支持他人，引领孩子积极参与助人、自助的群体活动，教导他们对人慈悲，养成良好品德和言行。这比孩子犯错时以说教方式指责，或传授艰深难懂的人际关系概念有效得多。

　　我鼓励家长直接教导孩子一些社会情境的信息和思考方式。受过高等教育的父母习惯运用逻辑思维及抽象概念解说自己看到的事物和现象，不自觉地期待孩子领会他们所说的复杂概念。然而，多数特殊教育需要孩子的思考方式是直接而具体的，无法适应这种方式。

　　事实上，人的社会行为和反应往往因人和情境而异，关乎社会范围和品德行为的抽象概念并不管用。最理想的情况是，孩子学习父母待人接物的生活态度，认识父母具体的生活经验和实际事例。当他们要应对现实情境的突发事情时，父母能给予指导，以合宜的行动响应，提高孩子的能力和思考弹性。

3. 家庭调整和适应反应模式

　　本部分以家庭系统概念框架作为理论基础，呈现家庭如何应对和适应特殊教育需要孩子的发展，这是一个家庭需求（demands）与响应需求的家庭能量（capacities）相互调整、达致平衡的状态。参考家庭调整和适应反应模式（the family adjustment and adaptation response），笔者运用家庭事件（family events）、家庭应对（family coping）、家庭资源（family resource）和家庭意义（family meaning）四个概念，解说如何协助家庭面对特殊教育需要孩子的发育障碍，以家庭应激事件（family stressful events）探索他们要不走向危机、要不迈向适应的历程。

　　家庭研究学者试图从系统背景理解个人及家庭表征问题，即从社会文化以及家庭成员对家庭系统的影响去理解。由于特殊教育需要孩子的主要照顾者多数是女性，故笔者尤其重视妈妈或祖母在担当唯一照顾者时面临的孤立和挣扎。

　　社会普遍认为男主外，要赚钱养家糊口；女子就应留在家里相夫教子，照顾孩子是女性天经地义的责任，尤其社会不自觉将"母职"（motherhood）概念认定为"母亲应承担照顾家庭及保护子女的全部责任"，却忽略家庭内部性别角色和权力关系对特殊教育需要孩子成长的影响。我们不是说母亲受到丈夫或家中男性成员的过高期望或压迫，只是每当我们走进家庭时，就能深深感到家庭成员对母亲理应照顾他人的伦理观念常使母亲及祖母得不到应有的体谅和照顾。

与家庭同行，笔者先放下自己所谓的家庭系统理论，因为不同学说、不同版本的家庭系统理论都试图将个人行为放在家庭关系及家庭成员间的互动模式中，因此我们要小心处理这种直线因果逻辑推论，因为这样会错把个人心理问题的责任归因于当事人。参照家庭研究学者的想法，笔者抱持以下重要思想：了解家庭成员之间的不同思想、情感和行动，相信家庭是生命有机体，当下每刻呈现的都是动态历程。

家庭内部依据性别和家庭功能划分成不同的子系统，这些子系统由多个家庭成员及其相互关系组成。例如，"爸爸、妈妈、孩子""祖母、妈妈、孩子""爸爸、儿子、女儿"等。根据家庭规则，将家庭成员及多个子系统联系起来，并以循环因果的方式彼此影响。家庭与外界、家庭中各个子系统之间，甚至家庭成员之间会形成不同的界线，这是一种心理屏障，作用是保护家庭及家人的完整性和功能，亦构成家庭关系的过程。

当然，家庭同时是社会的成员，置身于社区、经济、政治和文化的大系统内。无论家庭哪个子系统，或是家庭与大系统之间，都会以循环因果方式，不断地进行信息、物质和能量交换。然而，并非每一个家庭成员都能对家中发生的事情具有自我决定、实现目标的资源和能力。

笔者留意家庭反复出现的互动模式，尤其是家外系统及偶发事件带出的独特意义，这些都有助于我们了解家庭互动的过程。对于特殊教育需要孩子，以至求助的家庭，这一临床工作十分重要。有时家庭想寻求改变，偶尔又会抗拒改变，不过归根到底，家庭也具备自身复原能力，可以多种方式实现特定的目标。

教养特殊教育需要孩子的困难

多年来，陪同特殊教育需要孩子成长，见证受助家庭不是知识论说所描述的客观实体。他们的社会阶层及文化深深影响他们对子女的理解。面对教养困难，家庭为处理子女的特殊需要付出努力，但也增加家庭的需要和压力，干扰及影响家庭正常的功能。当然，我们也曾遇见资源丰富的家庭，能以充足资源应付及响应子女的特殊教育需要，亦能维持良好的家庭功能，促进子女的身心健康。不过，即便如此，日积月累的压力和负担将伴随着子女进入少年及青春期，整个家庭更显得混乱、失序，造成孩子的成长危机。

我们所说的家庭适应，意指家庭成员与家庭之间的需求平衡；家庭是一个社会系统，也要在家庭与社会之间找到平衡。当我们协助家庭时，任何层面的改变都会影响其他层面；而面对改变时，家庭资源不单指家庭拥有的物质条件，更包括家庭成员的个人心理、人际及社会资源，尤其是主要照顾者调整和适应的历程，在应对特殊教育需要孩子的心智发展过程中，必须发掘和增加新的资源。

　　我们遇见的每个家庭都努力消除孩子的特殊教育需要带来的压力和困难。纵然家庭应对策略不同，但目标都是为子女健康成长寻求所需资源和可行方法。尽管社会普遍对特殊教育需要孩子的发育障碍有了更多认识，但并非所有人，包括家庭不同成员都能获取社会人士的接纳和认同。每当走进家庭时，我都关心家庭如何看待这些处境及言谈间透露的想法，即家庭意义。这些内容呈现的观点、看法，以及成员话语中透露的家庭内部差异，有助于我们具体了解家庭对特殊教育需要孩子的不同想法、感受和应对的过程，从而为每个家庭设计适切的干预方案。

贴近家庭现实生活

　　我曾多次在当事人家中提供心理支持服务，进入他们的自然生活情境中，经常与孩子一起，见证家庭和孩子成长的进度，收集案主及其家庭关系层面的真实数据。我在探访前后与他们定期保持联络，通过电邮、电话及手机联系，了解他们的家庭和学校生活状况，以获取更丰富及全面的资料。我不敢说数据是按照严谨的社会建构主义研究方式获取的，但本书呈现的个案故事，不是依靠我们扭曲的认知、带偏见的想象和先入为主的念头杜撰出来的。事实上，与孩子一同成长的道路上，充满个人情感，我不想回避及掩饰；期望放下专家口吻，着意描述家庭故事的同时，仔细铺陈背景及还原特殊教育需要孩子的生活状况，留给读者更大的空间，邀请你们共同挑战社会上存在的习非成是的偏见，重新理解这些孩子及其家庭。

第四章
聆听家庭的故事

1. 陈家的故事：我的孩子不再有学习障碍

2. 黄家的故事：我的孩子不自闭

3. 李家的故事：我的女儿难专心

4. 张家的故事：我的独子抑郁了

5. 李家的故事：我成长的快乐岁月

导言

让我带领大家走进五位孩子及其家庭的成长故事，开始述说这个深入理解的旅程。感谢大家与我们同行！

1. 陈家的故事：我的孩子不再有学习障碍

> 我家的孩子只是学得慢，记忆力较弱，又不是学不到，我不想他被贴上学习障碍儿童的标签。

陈仲荣，独生子，就读五年级上学期时经母亲联系，寻求笔者协助辅导。

仲荣生长在"假单亲家庭"，他的爸爸一直在外地工作。我们没法直接联系他，因为妈妈坚持要经她联系，才可将我们的信息转告爸爸。这一年多，与仲荣接触同行，他曾说自己多年没有见过爸爸，只在节日接到过他从远方的来电，而且闲谈几句就收线。

从小学一年级开始，妈妈发现仲荣在语文学习方面感到很大压力，跟不上班级学习进度，要花很多时间和力气才能协助他完成功课，其中最困难的是语文作业。

不要用症状给我的孩子"贴标签"

妈妈是家庭主妇和兼职自雇人士，没有太多时间教导仲荣，也没有时间陪伴儿子做功课。她是典型的权威型家长，掌管家庭生活中的每一个细节，对儿子的管教要求颇高，每当仲荣"不服从"或"功课成绩不好"，就会失去耐性。儿子总说，见惯了妈妈发脾气责怪他的模样。

于是，妈妈为仲荣聘请补习老师，协助他完成功课，以追上班级学习进度，但他总是需要比别人多花很多时间才能完成。而且，他的成绩一直没有好转。小学二年级，老师发现仲荣有阅读困难，要花很大力气才能正确读出字词，也无法掌握文章重点，阅读理解成绩很差。

仲荣觉得阅读中文特别困难，也不太理解，因为汉字是一种表意文字；相反，学习英语，使用字母书写系统则容易得多。他每天花很多时间坐在书桌前，认中文字，读出正确字音，继而学懂字词的意思，感觉这是一件乏味困扰的事；要将信息整合，存放在脑内形成工作记忆，更是非常困难。妈妈教他读了多遍，他都未能理解文章内容，更别说掌握每篇文章的中心思想。值得庆幸的是，仲荣没有其他身体上的障碍。

即便如此，妈妈还是拒绝带儿子作医学临床评估，觉得他只是学得慢，记忆力较弱，不想他被贴上学习障碍儿童的标签。她认为这些社会标签会影响儿子的学习能力，怕他知道自己患了什么病症后，更有借口放弃学习。因此，她说知道仲荣是怎样的孩子，不要用症状术语定义儿子，担心儿子的学习困难变成自我验证的预言。

父母认定他只要将勤补拙，花多点时间学习即可。他们没有期望他名列前茅，只期望他愉快学习。

何谓学习障碍

　　学习障碍是一个统称，泛指一种或多种基本心理历程异常，包括读、写、听、说以及思考或演算能力上的缺陷。学习障碍种类涉及知觉障碍、阅读障碍、轻微脑功能失调和发展性失语症等。学习障碍儿童在以下七种能力上与正常儿童差距大，包括基本阅读能力、阅读理解能力、口语表达能力、书写表达能力、听觉理解能力、演算能力和数学推理能力。学习障碍不包括那些因视觉、听觉或动作障碍，智能障碍，情绪障碍，甚至因环境、文化及经济困难导致的学习困难。

　　学习障碍源于脑部某个特定功能出了问题。大脑结构研究指出，阅读障碍人士的脑结构明显不寻常，而且神经细胞的位置错误。所有神经元是在大脑发育时产生的，在脑部某个适当位置发挥特定功能。神经元接合、扩散的改变过程，是幼儿大脑早期皮质异位的结果。当神经元移动至脑的外层部分，聚积形成皮质神经元。神经元的移动和网络建立，先在脑的最深层进行，渐渐转移至较表面的脑皮层，形成结构柱状后，建立复杂和结构性的神经网络。如果神经元的电子信息流动跳跃过程中受到不规则的神经元连接，神经元便无法移到应到的地方，形成脑部错误网络。

　　颞平面与语言和阅读有关，而左边颞平面的长度与语言表现成正比，即左边颞平面较长的人，语言表现相对较好。细看读写障碍人士的脑部构造，会发现他们的颞平面出现了不寻常

59

的对称，左边颞平面小于一般人的左边颞平面。读写障碍者的右边颞平面的长度与语言表现却成反比。除了颞平面不寻常的对称外，读写障碍者的脑部有明显数量的斑痕，而脑部组织神经元显得较小，尤其丘脑神经元发育不完全，这与读写障碍者的视觉和听觉系统不正常有关。

参照有关读写障碍神经生物学的研究发现，各种阅读活动的脑电图（electroencephalogram，EEG）当中会出现许多不同的峰，这些峰的平均结果称为"激发电位"。读写障碍者的生理缺陷，使他在阅读时需要较长时间才可产生一个"激发电位"，导致脑部反应较慢，需要较长的潜伏期，波幅减少。另外，左额叶在人们进行字词复诵、字符译码，或大声念出字词，辨别音韵声质时，会被激发反应。在字母形状、字母声音、语义类别和押韵调节等的认知测验中，发现脑部许多区域皆参与其中，如枕叶细纹区负责字形处理，颞下回和额下回参与声韵学习和辨别，颞上回负责语义理解。然而，读写障碍者的词汇和语音的特质较少，在"音韵—记忆"的运作中，右半脑激发不足。

当我们阅读时，眼睛收集的信息会激发枕叶的初级视觉皮质区，眼睛看到的文字符号和信号会在角回执行视觉区域转译成语言，脑的颞上回则将语音转换为语词。然而，读写障碍者缺少这三阶段转换历程，却只在脑的额下回激发处理信息。脑部发展的同时亦会学习，我们的经验、记忆和情绪会随环境和教育因素而重塑，刺激突触生长连接神经元，强化大脑的功能及潜能。

脑神经图

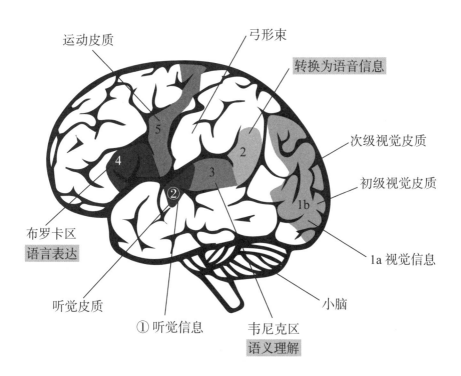

运动皮质

弓形束

转换为语音信息

次级视觉皮质

初级视觉皮质

布罗卡区
语言表达

1a 视觉信息

听觉皮质

小脑

① 听觉信息

韦尼克区
语义理解

复诵听到的语句 ①→②→ 3 → 4 → 5 产生说话、写字等动作

朗读看到的文章 1a → 1b → 2 → 3 → 4 → 5 产生说话、写字等动作

愈读愈挫败

妈妈强调，仲荣的智商正常，跟一般孩子无异。中文程度不好，只因孩子就读国际幼儿园，以致成绩平平，削弱兴趣，慢慢放弃中文。当然，我们知道 IQ 测验（智商测验）不会测试各种智力，学习障碍也不会被僵化地界定为"智商和阅读能力之间的差异"。

回顾仲荣的处境，笔者多考虑环境对他阅读发展的影响。他自幼由菲佣照顾，以简单英语沟通，平时独自留在家中，缺乏与他人交谈的机会。父亲在不同地方居住，很少跟他闲谈互动；妈妈忙于工作，很少留在家中照顾他。可以想象，他自幼的语言环境并不丰富。

读小学开始，妈妈已经花钱聘请补习老师，每次一个多小时，只忙于协助他完成过量的功课，却没有在读写障碍方面多做补救。除了中文阅读和背写困难外，仲荣的英语运用也不突出，不过英文读写学习比中文学习来得轻松一些。

综合教师在课堂的描述以及我们的观察评估，虽然仲荣很少与人交谈，但他的语言能力和理解口语的能力仍属正常，只是认字和抄写中文较慢，对内容的理解也感到困难。当他阅读及默写生字时，经常感到十分吃力，甚至无法完成。仲荣早期阅读的困难影响他阅读能力的发展。当课程要求愈高，他在阅读上就越受挫，渐渐形成恶性循环，导致他不自觉地读不了，也记不到。

仲荣坦诚表示，读书是一件让他感觉非常挫败的事，不明白妈妈为何要强迫他上学读书。而妈妈这边因长时间的努力没有换来孩子的明显进步，对他每天是否做完功课、几时上床睡觉、不愿起床上学这些事已经失去耐心，母子冲突也日渐增多。

普遍来说，读写障碍儿童都面对两层障碍。第一层障碍是孩子不能认、读、写文字。若他们能从事不用处理文字的工作，则障碍仅止于"不能掌握文字"，但在这个重视语文能力及学业成绩的社会，孩子会因上述障碍而在成长过程中充满挫败感，出现低自尊和逃避的心态。第二层障碍则是指在情绪、行为与社会适应等方面出现问题。仲荣的智力正常，却未能准确而流畅地认读和默写单词，也面临着两层障碍。

觉得自己好无用

妈妈向我们求助是想解决仲荣的管教问题，并不是他的读写障碍。

在前面几次家庭访问中，仲荣多次表达自己已经很辛苦。他说话很慢，不敢抬头看我们，自言自语地说自己不是低能。当妈妈责怪他不努力学好中文时，他立刻别过脸，以示不满，但不敢反驳妈妈的训话。妈妈看在眼里，非常激动、生气，直斥其非："他就是一副不在乎的样子，我怎么讲他都不理会我，只顾玩手机。"不过，妈妈看懂儿子的眉头眼额，也识趣地提高音调说："不过我仔仔搭模型有天分，大人不用帮他，他很快知道怎样搭。"仲荣低头回望，但仍不敢多言。

与家庭同行时，笔者特别关心特殊教育需要孩子的自我概念发展情况。如前文多次强调，自我概念是个人对其特定或整体能力、特质的自我主观感受，在成长过程中经与他人互动发展而形成。

读写障碍孩子智力正常，学业表现却远逊于同辈。妈妈看见儿子读书不济及没有心机，误解他因懒惰而影响学业成绩，不明白他的认读和默写困难。妈妈下班后即使忙于家务，仍抽空陪他做功课，但见仲荣这种进度，早已失去耐心，忍不住责备儿子。仲荣感觉无奈，觉得经常遭到负面批评。仲荣曾私下告诉我，觉得自己很失败，读书不如别人，多次用"自己不好""妈妈说我不够勤奋""我蠢，觉得自己好无用"等自我对话方式向我倾诉，可见他自我认知低，感到自卑，缺乏自信。

虽然学校教师曾表示要多关注仲荣的情况，但妈妈独自承担家里的经济支出，早出晚归，自感生活吃力，兼顾不了这么多事情。仲荣多次告诉我，他觉得自己"无用"，无论怎么努力，都难于取得好成绩。可惜，妈妈误解他不够努力，愈是责备，情况愈差，连亲子关系也受影响。

高期望父母，低自信孩子

妈妈虽然对儿子抱较高期望，但知道不能勉强。从其他类似的个案中我们不难发现，当父母对孩子能力抱有过高期望，远超他们的能力所及，而管教方式又倾向权威严厉时，就容易令孩子感到困惑不安。孩子自知无法达到父母的期望，常常担心因成绩不好受责备，对这些失败经验感到沮丧，不自觉自我贬抑，自然产生焦虑。

仲荣妈妈抱怨说："仲荣在家中还算听话，我已经没有骂他，但他有时以为我查看他的功课，就会以尖锐的言词、恶劣的态度顶撞我。"

仲荣回应说："你不问，我就不会这样啦，我不想你给我太大压力！"

除了功课压力外，仲荣言谈间透露自己对考试感到担心惧怕，因为每次都证明自己是失败的，多多少少又会受到责备。即使别人不说，他也会责怪自己为何总是不如别人。

在最初的家庭支持干预中，我们发现仲荣出现了两个明显的心理防御反应。在妈妈和我面前，每当谈及功课情况，他就会拿出已完成的模型，将它举高，配以怪声引人注意，掩饰自己学业不佳丢失面子的尴尬。

如果妈妈追问他的功课进度，他便会装假说："已经做完了，在学校就已经做完了。"如果做功课做得太累，他就会说自己身体不适，以逃避完成作业的责任。

妈妈注意儿子沉溺在手机游戏当中，每天花很多时间把玩手机，而管束他使用手机，这又让母子之间的关系更紧张。

仲荣的学习动机低落，没几个朋友，班内也没有同学喜欢与他同组，这又让他更加觉得自卑、寂寞。负面的社交经验让他变得退缩，不敢主动与人交往，影响了健康的心理社会性发展和人际交往能力。

不要防御，只要对话

面对仲荣的发展需要，笔者先帮助他解除负面的心理防御，鼓励母子说出当刻的感受和观点，而不要重复诉说对方过去的不是。

我相信促进家庭成长的焦点在于过程，鼓励妈妈和仲荣建设性地对话，以心交往、感受和用心领悟，试图打破他们僵化的"你说我，我不出声"的不良反应方式，又或跌入惯常的各自表述、互不理解的陷阱中。通过我的参与，让他们暂停指责，坦诚沟通，给大家机会修正对学习困难问题的论述，并尝试给这个问题赋予新的象征意义。

当我们进行三人对话时，我努力敏锐地尽快理解母子间的沟通方式和惯常的言辞用语，洞察他们如何陈述当前问题。从偶尔的争执和互相指责中，我听出两人的观点虽然不同，但也不是绝无道理。我帮助他们了解彼此对学习困难的不同想法，也关心妈妈怎样认知学习障碍对儿子心理健康的影响。

走进家庭是一种经验主义家庭治疗的历程。经验本身是一种隐性的生活历程，家庭却要通过经验而成长。当我与不同家庭成员交谈时，各人对现况的看法存在差异，并以象征性的方式展现，这绝不一定是所谓看得见的事实。可惜，妈妈仍然拒绝知会和邀请爸爸共同参与家庭访谈。我必须尊重家庭的决定，与家庭建立信任而紧密的关系是重要的，但也要保持合适的界线，避免角色混淆，这样才能建立足够信任，让我们参与寻找转变的机遇。

认知干预

在认知层面，妈妈虽多次表示明白儿子的学习困难，但也难掩她对儿子的高期望。她因儿子的困难而感到苦无出路，倾向于先解决眼前的困境。我先促进母子间的彼此了解，改变他们之间僵化的思维方式，帮助他们探索及尝试新的亲子互动，找出更多可行的解决方法。

在三人的会谈中，首先要突破他们的心理防御，提升各人的安全感和觉察能力，将精力放在积极成长的历程上，不再冲突，才可增进母子的健康关系。除了实时呈现的互动模式，母子各自表述当时当刻的感受和观点，当妈妈更接纳儿子的障碍，了解他的困难，便能以更包容的态度回应他的成长需要，避免因偏见而一味责怪他，这样可减少仲荣的自责。

阅读障碍产生的原因不是单一的，部分源于生理因素，同时也受到教育环境和家庭阅读习惯的潜在影响。对于阅读能力不佳的孩子，先天因素的确阻碍了早期阅读经验的发展，如果再受到环境所加诸的挫折，便会导致阅读能力迟缓发展，继而逃避以致放弃阅读。在家庭支持和教育上，我先引导妈妈及补习老师辅助仲荣感受良好的阅读体验，使他改变对阅读的感知经验。

每个人都需要被肯定。当一个人受到他人称赞，获得他人好评，就容易产生正面的自我概念。当仲荣遇到不会的字就停下来不念时，我耐心鼓励他尝试，即使他念错了，仍给予正面反馈，让他知道这是好的开始。成功感对阅读障碍儿童特别重要。

在家庭教育上，我们指导妈妈运用适当的词汇，陪同儿子阅读，清晰地念给他听，丰富仲荣的口语理解能力，帮助他发展阅读能力。

为改善仲荣阅读能力发展滞后的情况，我设计了声韵语音的练习，帮助他先掌握发音的技巧；同时，为了提升他的阅读动机，又采取文字配对游戏、看图编故事、模仿卡通人物对话、互动阅读、大声读出正确字音、猜字估义等策略进行阅读。在愉快阅读的同时，我们也尝试了解文章的内容，增强他对学习的信心。

除了结构性的阅读训练，我与妈妈商讨怎样建立仲荣生活学习的成功经验。家庭生活是生活学习的最好场景。仲荣对抽象文字符号记忆较差，但体验式学习给他成就感。妈妈曾和他一起阅读甜品烹饪书，然后动手制作；一起阅读货品说明书或文字广告宣传单，对他的房间进行装饰；一起阅读教授羽毛球技巧的书籍，又与妈妈、邻居孩子切磋球艺等。通过这些体验，带动母子建立"生活的学习"和"学习的生活"，让阅读、写字不再是苦闷死板的事，一并发掘并培养他在德、智、体、美、劳的潜能和兴趣。

当孩子的能力和长处受到肯定，他在社交、学习和自信心等方面就会有正面发展，既可增强自我效能，又能获得身心成长。同时，也要教导孩子练习一些自我激励的话语，让他懂得自我肯定，赞赏自己的优势和能力。

孩子的身心健康，能激发他们对学习的热诚和对生活负责，推动他们展翅飞翔。

治疗师、妈妈和儿子的三角关系

仲荣是独生子，且从小缺乏爸爸的陪伴。当我进入他的家庭时，他经历由"我与妈妈"的直线关系，转变为"治疗师、妈妈和我"的三角关系。这种三角关系互动塑造了母子互相支持的格局，同时因为我着意指导妈妈给儿子营造温暖、关怀的环境，所以也扩展了他们家庭的社交生活。

虽然仲荣仍然存在学习困难，但已有改善，而且他也还在努力。他们不再纠缠于仲荣无能为力的事，两人都致力于能力所及的生活之事。

我严守专业界线，合宜地进出母子关系，引导他们重新建立个人和周围环境之间的平衡关系，装备家庭资源，辅助母子发展自我和良好的亲子关系，增进福祉。

仲荣个案的治疗重点

（1）转化妈妈对儿子"学习成绩不好"原因的理解。

（2）在提供家庭支持时，为母子提供心理教育，让他们加强了解障碍出现的可能原因及辅助学习的有效方法。

（3）鼓励妈妈重视儿子自我概念的健康发展，多欣赏仲荣的努力和付出，对他每次的小成就给予肯定和赞许。

（4）提供家庭支持时，协助妈妈调整教导策略，鼓励仲荣练习阅读，改变他对阅读的感知经验。

（5）在临床治疗取向方面，帮助妈妈及仲荣建立生活学习的成功经验。

（6）专家干预：严守专业界线，合宜地进出母子关系，引导他们重新建立个人和周遭环境之间的平衡关系，装备家庭应对问题的资源。

2. 黄家的故事：我的孩子不自闭

我儿子就像其他孩子一样，对环境和新事物充满好奇心；只是说话慢了一点吧，长大后会改善的！

黄建辉出生在香港，爸爸是香港人，妈妈来自内地。建辉爷爷在深圳开设家庭式加工厂，爸爸中学毕业后协助家庭打理生意，与太太在厂房相识、恋爱、结婚。建辉幼儿时，随爸妈暂居深圳，后随家回港定居。平日，妈妈在家照顾两名年幼子女，爸爸则每天往返深港两地。建辉是大儿子，从幼儿园开始，妈妈发现他的面部表情极少，肢体动作有点笨拙，腔调较为奇怪，在校难与同学沟通，容易闹情绪。

建辉一年级时，在老师鼓励下，由爸妈带着去看了儿科医生，被评估为阿斯伯格综合征儿童。约半年后，爸爸经朋友介绍主动联络我们，想了解爸爸在培育阿斯伯格综合征孩子上应扮演的角色和可用方法。事实上，爸爸并不清楚孩子的成长阻碍，以为儿子只是性格有些问题，需要特别照顾。

阿斯伯格综合征的诊断标准

参照美国《精神障碍诊断与统计手册》（第四版修订版）中有关阿斯伯格综合征的诊断标准，患者明显有社会功能"质"的缺损，并至少呈现以下四种症状中的两种，包括：

（1）缺乏社交或情绪的表达和交流能力；

（2）非语言行为能力缺损明显，如面部表情、调节手势、目光接触及身体姿势等；

（3）缺乏自觉，对他人没有兴趣，缺乏喜爱或展示成就的能力；

（4）无法与年龄或发展水平相近的同辈建立关系。

另一明显症状表现为反复及固执的行为模式、活动和兴趣，至少出现以下四种症状中的一种，包括：

（1）固执及反复的惯性动作，如不断拍击或搓揉手指，重复做出怪异的全身动作；

（2）行为出现非功能性的固定常规，明显缺乏弹性；

（3）一种或一种以上的固执及局限的兴趣，呈现过度的异常现象；

（4）坚持关注身体某些部位。

他们的语言能力可能出现迟缓现象，说话音调特殊，但认知发展和生活自理能力则没有像社交沟通互动能力那样出现明显迟缓。他们也不符合其他特定广泛性发育障碍或精神分裂症的诊断标准。

另外，笔者想强调，对于脑神经发育障碍引致阿斯伯格综合征的成因及过程，脑神经研究或儿童脑神经科医生所知仍然有限；在药物治疗方面，精神科或儿科医生仍有分歧。面对不同的治疗方案，疗效仍需科学引证和研究检验，因此，家长不要轻信道听途说，到处寻找不具实证及另类的治疗。医学上的发育障碍有百余种，切勿简单地将孩子归类，而忽视脑部功能发展的病理成因及症状的多重性。

长大了就会好起来?

初次跟父母见面,我先与他们单独面谈。虽然《精神障碍诊断与统计手册》(第四版修订版)诊断标准给我们指引,但更重要的是通过面谈进一步掌握孩子的真实情况,观察家庭行为状况。

笔者先从几方面思考建辉的发展需要。经初步评估,建辉的智商是在正常范围,学校学习的认知表现没有明显差异。父母直言儿子就如其他孩子一样,对环境和新事物充满好奇心。他们教导儿子自小要有自理能力,重视他的个人卫生和时间管理观念,觉得不用刻意及经常提醒他,他也能做到。妈妈怀疑孩子是否发音不好,以致声调显得奇怪,不过相信等他长大发育,就会改善。

我问他们有没有为其儿子做感觉统合训练,特别是测试他的听觉敏感度或对光线触觉经验的反应。儿童脑部发展需要整合不同部位的信息,身体各感官的协调,如大小肌肉、视觉和听觉专注、语言和知觉、认知和专注力等的协调,非常重要。脑神经网络增长、重整和调校的功能,会在发展中不断改善,促进孩子脑部调节,使之面对环境中的感觉刺激,能作出适应性反应。但家长对此却不太知晓。

后来,我协助他们掌握几个家庭可进行的感觉统合训练活动,促进建辉自我调节的反应能力,增强他的自信心。

祖父母的担子

与家长初步面谈后，我尽快安排家庭探访。

他们租住在新界三层丁屋，地点远离火车站，一家四口住在二楼。妈妈长得矮小，说广东话时仍带有内地口音，平日很少外出，多数留在家中照顾儿女。小女儿约三岁半。妈妈每天要接送建辉上学，家庭事务令她十分繁忙。第一次跟两位孩子见面接触，他们的衣着带点乡土淳朴味道，不像城市长大的孩子那样打扮醒目。虽然妈妈多次提醒建辉有客人到访，但他依然独坐一旁，没有理会我们。

爸爸走近儿子身边坐下，率先打开话题，谈起儿子年幼时的家庭生活，面带笑容。一家三口与祖父母相邻而居，夫妇忙于打理工厂，建辉的起居饮食多由祖父母照顾。爸爸是家中的长子，家有一妹，自小跟随老父在家庭式加工厂干活，习惯往返于深港两地。妈妈的娘家是黄家的同乡，妈妈在家排行第二，有一姐一弟，姐姐嫁港人后定居香港，弟弟则留在深圳工作。姻亲关系紧密，常有来往，在港姐姐对妹妹也很照顾。

妈妈只听过智力发育障碍儿童或疯子、傻子，根本不晓得什么是阿斯伯格综合征。她说儿子生得这么俊俏，也很快学会她教的东西，与其他孩子没有两样。起初以为他只是不喜欢老师和同学，习惯跟着爷爷奶奶，而不愿离开他们。

尽管妈妈觉得儿子的面部表情极少，动作笨拙，讲话时腔调较奇怪，但老人家说孙儿还小，小孩个个都是这样。建辉读幼儿园时，老师曾提及他在校难以跟同学相处，容易闹情绪，但碍于祖父母的意见及他们正全力照顾儿子的起居生活，妈妈即使担忧怀疑，也不敢直言质疑。

事实上，本地有不少特殊教育需要孩子是由隔代教养代替双亲照顾及管教，如祖父／母或外祖父／母担任监护人及主要照顾者。目前香港缺乏相关的统计数字与分析，这类家庭的生活困境仍然相当隐蔽。不难想象，基于学识水平或理解错误，受制于传统思想和生活条件，祖父母往往对有特殊教育需要的孩子认识不足，而且因体力精神有限，管教孩子亦易于偏颇、不一致，容易过严或过松。妈妈曾复述年逾六十五岁的奶奶对孙儿说的话："你不知道说话吗？你这张嘴整天闭着会变哑巴的！"不过，爷爷奶奶对孙儿的特殊状况半信半疑，只道是孙儿乖巧听话，内向不多言，跟其他的邻居孩子差不多。

建辉是黄家长孙，奶奶自是照顾得无微不至。爷爷是家庭主事人，保守寡言，家人多数服从他的要求。爸爸"脾气好、顾家庭"，对妻儿很少训斥责骂，每天放工回家只是共享天伦之乐。妈妈没有接受特殊子女教养训练，对阿斯伯格综合征儿童的发展及治疗没有认识，也较难理解病因，内心感到不安，觉得愧对夫家，尽可能事事听从。爸爸知识水平较妈妈高，态度开明，认为儿子处于成长发展期，心智能力应可通过合适训练和教养培养。

"我不懂，更不知应怎样带大他"

我在几次家庭探访中观察到，每当建辉想慢慢对我们说话时，妈妈总是心急地指导他应该怎样说。无论妈妈说多少次，建辉仍会停顿片刻，像"断片"般未能立刻响应，说话仍是断断续续，不能说出完整的句子。

自年前回港定居后，爸爸早出晚归奔波两地，妈妈承认终日在家独自面对儿子，又要照顾年幼的女儿，倍感孤单无助，情绪不太稳定，容易失去耐心，跟他说了几句就不想再说，就由他独个儿玩，有时甚至会怅然地望着儿子。"我不懂，更不知应怎样带大他。别人说这说那，解释给我听，我还是不懂怎样做才对。"

爸爸怜惜母子的困难，说："慢慢来教，儿子还小，我们一家人还好，现在情况可以。"

我让父、母、子三人对话。儿子亲口告诉妈妈："我要慢慢想清楚才知怎样说，有时想不到，不会说。"

爸妈当即回应："我们知道的。"

在旁边的女儿不停纠缠着妈妈，不停打断三人对话。虽然妈妈尽可能顺应女儿的要求，但她十分依赖妈妈，不愿离开半步。

寓训练于家庭活动

接着几次的家庭探访，我们与父母协议，尝试在家进行基本感觉统合训练活动。首先，我们关注建辉的不安和焦虑情绪，希望减轻妈妈的压力，让她放下心理负担投入亲子活动中，自然表现出对儿子的无条件接纳。每次指导父母及示范带领做感觉统合训练活动前，我们必须清楚解释各项活动步骤，并事前收集及利用日常生活的简单物品作训练之用。

在活动进行期间，我们当场教导父母怎样仔细观察儿女对感觉统合训练活动的反应，了解他们表达的感觉。我们先进行"心心掌印"，让他们一家人各自在手脚上沾上面粉，再于同一张大卡纸上印上掌印画，这有助于建立愉快气氛，促进子女四肢触觉刺激，鼓励他们摆出不同姿势和移动位置，除增加乐趣外，还可以刺激身体感觉动作与手眼、手脚协调。

另外，建辉的视觉和听觉系统需要加强整合，以促进他对环境的敏锐性，家庭学习活动有助于协调他的视知觉和听知觉的发展。

"音乐塑像"的玩法可随孩子的回应实时调整。我先请他们站在横线区内，当音乐响起时，大家一同移步向前；当音乐停止时，就要像塑像般站立不动。随着音乐再起，鼓励孩子扮演不同动物走路或摆出个人喜欢的姿势，音乐再次停止时，就不可再动。为了增加乐趣，我假扮游客为他们拍照留念。两个孩子看见父母的趣怪样子，也表现得合作，反应积极。这样随音乐重复移动身体、无声停下肢体动作，可训练孩子的听觉专注力、听觉分辨力及控制动作的反应。

爸爸在"音乐塑像"活动中的趣怪造型逗得孩子们大笑。

妈妈也慢慢放松自己，身体不再绷紧，与子女混在一起。她见建辉笑容多了，也觉亲近。

还有一个较适合训练建辉的听觉专注力及听觉次序记忆的活动。父母事前准备好写有 1 至 10 的数字卡及 A 至 Z 的英文字母卡。两位子女站在圆圈正中位置，外圈是其中 15 个英文字母，内圈是 10 个数字。当父母讲出 3 个数字或英文字母组合后，孩子要用软胶准确掷向相应的数字及英文字母。

随着大家愈来愈熟练，父母可调整活动方式，由 3 个数字组合变成 5 个数字组合，或是用软胶掷中指定字母的同时讲出相关英文词语，例如，B for Boy，G for Girl；亦可利用简单英文拼字，如父母读出 boy，孩子依次将软胶掷中相应的正确字母。当孩子聆听数字及字母组合时，可促进听觉专注力及听觉次序记忆；听完再掷向相应数字及字母，可锻炼手眼协调及视觉追踪配合身体动作反应，加强"本体觉"的刺激，有助建辉改善对环境的反应能力。

以上活动让父母明白感觉发展的重要性，了解怎样辅助孩子在体能、智能、语言、情绪和社交等方面的健康发展。在家庭支持过程中，父母设计和发起家庭活动，通过不断的亲身练习，除了能让孩子们亲身体验及积累"玩中有乐、乐中有知、知而行之"的感官经验外，也能让爸爸与妈妈携起手来，一同与孩子建立良好的亲子关系，提高父母的教养能力和对子女的亲和力。这是好的开始。成长治疗需要父母共同协作。

儿童的语言发展需要

幼儿语言研究文献指出，幼儿的大脑天生能处理各种语言的共有特征，语言发展基础乃是以先天禀赋的元素或属性配合情境和规则形成的共通系统，是天生能力与客观经验的互动结果。此外，行为主义强调语言强化（reinforcement）的概念，认为语言通过刺激（stimulus）与反应（response）产生。

儿童是语言学习的主动者。早年皮亚杰已提出，儿童在一岁前受外界刺激，语言模仿以哭来表现；一岁至一岁半是真正语言发展的开始，儿童以偶发性单字，按过去曾听过的，模仿易懂易学的声音，或由别人声音感染而引发声音模式。接着开始系统地模仿，儿童除了会模仿自己发出的声音外，还能模仿新的发声动作。

虽然幼儿的口语发展基于生理基础，但是口语涉及发音，发音的技巧则是从聆听和说话的互动中学习和改善的。相比对语音的掌握，初生婴儿已能发出哭声、嗓音、啊咕声，但不能实时掌握语言，其语言发展具无意识性。当幼儿能了解别人的语言，发音中出现元音与辅音，能表现分明的音节，掌握了模仿发音，了解了语言的相关性，语言发展才正式开始。

语义理解训练

因语言与思考是复杂互动，且需要具备思维和认知能力，笔者特别留意儿童语言发展和语义理解的训练。语言发展由单词期迈向重复音节，如"爸爸""玩玩""看看"，包含单词的语音、意义和运用的基础发展。

三岁的儿童开始学习掌握量词、代词、疑问词和字的排序，逐步学习结构简单的句法。同时，儿童的语音、口语和语法运用能力发展迅速，并配合说话的语气，提高口语表达能力。

随着儿童的求知、自学，他们的词汇、语音及语义掌握让其具备基本的社交能力。当儿童能掌握足够的词汇，思维发展达到一定程度，就能开始运用复合句。

三至四岁儿童因词汇贫乏，对词义掌握不确切，仍不能运用抽象名词及理解词义，如表示抽象事物的"气质""看法"，表示地方的"终点""凉亭"，表示方位的"西边""侧面"，表示时间的"旧时""时代"等。直至五岁左右，儿童才开始掌握一些较抽象或复杂的时间名词，如"早上""上几次""是时候"等。

而且，儿童也较少懂得运用感叹句表达个人的感受和情绪。但随着年龄的增长，他们会慢慢喜欢以感叹句式表达情感，运用的句子含词量较多，结构日渐复杂。

另外，儿童说话句子数较多，句子结构却表现松散，出现非连贯语言，如"妈妈雪糕"，而非"如果我听话，妈妈就给我买雪糕"（连贯语言）。

六岁左右，他们懂得运用严谨的句子结构，附以修饰语，如"暖暖的""轻轻的"。事实上，儿童说话时较常运用短而不完整的句子，也多用与生活有关的动词，如"吃""玩""饮""看"等，并以动词代替名词使用，如"吃啦""我正在玩呀"（我玩紧呀）及"做得啦"等。当然，他们也较多使用日常生活中直接接触到的人和物的名称，如亲人和同学的名字、玩具、卡通人物、食物等。

孩子的语言发展需要

儿童须有一定的口头语言基础，才能发展书面语言。因绝大多数汉字是由形符及声符构成的形声字，很多儿童在阅读过程中习惯根据声符认字，所以字音对认字很重要。香港孩子的母语多数是广东话，广东话的九声主要由音高来区别，是声调语言，随辅音韵尾、入声和非入声来区别。话语沟通中的声调、语调及高低音调（如陈述句的音高是往下走，而疑问句的音高是向上升）和情感状态（如愉快时语调较高，悲伤时语调较低沉，害怕时语调较尖）都会影响语言能力及信息接收。

另外，语言在儿童认知活动里发挥重要功能，因语言让儿童表达所学知识，有意识地认识客观事实，并能帮助记忆。他们的知识和生活经验日渐丰富，词汇量逐渐增多，这为他们进入小学学习书面语打下了良好基础。

儿童的词汇运用具备三大范畴，分别是：形式（form），指语法及语音；内容（content），指词汇的多寡；运用，即在不同的情境说合适的话。语言的形式、内容及运用皆有规则，个别孩子在语言形式方面表现较弱。举例来说，儿童会将心里所想，如"妈妈，我想要两个蛋"，说成短句，如"我要蛋"；又或说出的句子结构简单，先后次序颠倒，如"给我蛋，两个"。

某些儿童因词汇贫乏，说的句子虽不短，但内容空泛，词不达意，如他的意思本是"妈妈带我去饼店买生日蛋糕，然后店员帮我装在盒子里"，却说成"妈妈去这间（店）里买蛋糕，然后这个姐姐就帮我了"（妈妈去果间呢度买呢蛋糕，跟住果个姐姐就帮手我喇）。这些儿童不能以精确的词语说出自己的想法，常用含糊的"那里"（呢度）、"这些东西"（嗰啲嘢）、"不知道"（唔知）代替，偶尔还会错用词语，如将"朱古力蛋糕"说成其类别名称"蛋糕"等。

家长可以帮助子女发展语言

在家庭教育和与父母协作中，我通过有系统及针对性的训练，鼓励家长改变与子女的互动方式，给他们更有效的语言刺激，积累词类和语义的运用经验。笔者与语言发展迟缓儿童初次见面时，都考虑做标准的评估，参考规范的项目及常模结果

（即儿童在该年龄段应有的能力），初步断定他是否有语言障碍。同时，我也常运用情境评估，除了仔细聆听家长描述孩子在家中的情况外，还要设计家庭游戏、讲故事、图画影像等，了解儿童的语言能力、强项和弱项，才能考虑治疗方案。

事实上，儿童语言运用及阅读训练必须按部就班，细分不同口语及粤语词类运用，包括词语词性划分，例如名词、动词、形容词、副词、量词、语气助词、数词、连接词、叹词、代词等。还有不同的句子形式，例如无主语句"先还给你"（昅番你）；独词句"觉""哪里"（边度）；简单修饰语"好好看"；带连接动词的"你现在在哪里呀？"（依度系边度呀）；复合句"一路吃，一路看"等，扩展句子结构。

应将语言字词学习训练步骤细分成短期目标，不能一步登天，期望只训练两三节课就立竿见影。我十分重视跨专业协作，鼓励家长寻找专业语言治疗师，并通过家庭教育工作，让家长配合在家中做练习。先别催促和揠苗助长，更不要强迫孩子一下子说出好多句子。

在家庭谈话中学习

声音符号涉及听说过程；视觉符号是书面语言，涉及读写过程。我与建辉谈话互动时，特别留意建辉在声音符号方面的发展情况，因为口头语言和书面语言的相互关联发展是重要的。与父母深入了解建辉的日常生活习惯，发现除了妈妈外，他没有接触外人，很少有机会与别人进行口语沟通，难怪他积累的词汇字音较少，识字及阅读、写字也不多。

除了考虑家庭和环境因素是否会影响建辉的语言学习和发展外，在家访时，笔者也会留心家长说话是不是太快，用词是否复杂难懂。妈妈忙于照顾年幼的妹妹，他多是留在家里，只对着电玩游戏或看电视，也很少跟邻居孩子玩乐，没有其他社交机会。他很少接触外界事物，没法积累丰富的生活用语和词汇，以致言语学习那么贫乏。因此笔者指导妈妈在字形、部首及朗读活动等方面协助儿子在生活常用的基本字外，积累字词量。

此外，我也要仔细分析他的词汇运用能力。建辉的语言理解或表达能力明显跟不上同龄儿童的发展步伐。虽然他从动画片中学会了一些句子，但不懂得如何运用。

因此，笔者鼓励父母多带建辉去不同的地方，途中不忘教导他以合适的词语说出看到的事物，并拍下相关的景物，回家后与他重温、练习词汇，促进亲子关系，也慢慢丰富建辉的说话内容。幸好，建辉没有高度自闭症、听障、智障等，亦没有特别明显的生理、心理症状，只是碍于语言学习的环境不佳才发展较慢。

　　父母懂得欣赏儿子在积极学习，利用正面赞赏代替负面责骂，减少儿子语言表达方面的心理压力。父母用心观察建辉的行为，明白他的需要，耐心地教导他用语言表达自己，进步可期。

建辉个案的治疗重点

（1）进入家庭前，多方面了解内地新移民家庭在香港的生活状况。

（2）掌握隔代教养代替双亲照顾及管教特殊教育需要孩子的困难及局限。

（3）支持父母的家庭教育，加强家长对幼儿语言发展的了解及对子女语言发展需要的认知。

（4）临床治疗干预强调，应从日常生活经验中提升孩子掌握模仿发音与了解语言相关性及语义理解的训练。

（5）促进孩子的语言学习，辅助他在一定的口语基础上发展书面语，因生活语境与语言学习有着密切的关系。

（6）家庭支持：主要通过系统及针对性的训练，鼓励家长改变与子女互动的方式，为他们带来更有效的语言刺激，积累词类和语义的运用经验。

3. 李家的故事：我的女儿难专心

我已用尽所有方法，想叫停小女儿，但都没有成效，
只好大发脾气，这样才可能让她专心几分钟。

丽蓉大约七岁，在家中排行第二，就读小学二年级；姐姐
较她长五岁，升读初中一年级。她们生长在三代同堂的家庭，
丽蓉妈妈是双职母亲，爸爸是散工，有时当夜班或通宵班，一
家四口寄居在奶奶家，住于破旧唐楼一间不足38平米的狭小
房间里。

爸爸收入不稳，妈妈压力很大，情绪也不稳定，这些成
为夫妻隔阂和冲突的主因，无法合作管教女儿。大女儿懂事，
品学俱佳，不自觉地承担了妹妹的主要照顾者的责任，也成
为妈妈的倾诉对象。妈妈面对好动又不愿受教，疑似"过度
活跃"的丽蓉，容易激动，偶尔把对丈夫的不满发泄在丽蓉
身上。

笔者经由专业课程学生转介而接触丽蓉。学生是丽蓉妈妈
的远亲，一直关心这个家庭。据学生透露，这个家庭的资源很
弱，除家人外，丽蓉爸爸在香港的直属亲人只有两个，一个是
年老的独居哥哥，兄弟之间没有来往；另一个是留在乡下的妹

妹，多年来没有联络。

他们一家五口挤在狭小空间。丽蓉经常坐不定，动作多，言行举止没有礼貌，奶奶及妈妈喝她，她才可能安静片刻。她从来没有接受过任何正式的特殊教育需要评估，只因爸爸不同意，觉得女儿没有问题，认为孩子喜欢走动，做自己喜欢的事，就任她自由发展，要是贴上什么病症的标签，对女儿的负面影响可能更多。妈妈也不敢违逆爸爸的决定。

没法停下来的孩子

第一次家访由学生引带，事前经妈妈同意，借过节拜访长辈，向奶奶及妈妈送上见面礼。姐妹关系不错，丽蓉似乎很听姐姐的话，一直陪伴在妈妈与奶奶身边。起初丽蓉可以安静地待在姐姐身边，数分钟后开始坐立不安，摇摆身体，不停地晃啊晃啊，摇动手脚自娱。姐姐尝试安抚她。妈妈见惯不怪，并说她用尽所有方法，都无法叫停小女儿，只好大发脾气，这样才可能让她专心几分钟。

在功课学习上，妈妈不用操心；不过，丽蓉无法专心做作业，容易感到烦躁不安，不在妈妈的看管下就没法完成作业。每天做作业时间渐渐变成母女之间的争吵时间。相对姐姐的主动自觉和听话细心，丽蓉好动顽皮，不听话，难讨人喜爱，妈妈和奶奶总觉得丽蓉的性格出了问题。

妈妈听过"注意缺陷/多动障碍"，但丈夫认为姐妹性格不同是正常的，自己年轻时亦好动难教，不喜欢读书做作业，小女儿像他的个性特点，不算什么问题。况且，妈妈心里不能接受女儿有"特殊需要"。为了不再在功课学习上与丽蓉对峙争执，影响母女关系，妈妈便任她自由发展，何况丽蓉的操行品格亦不坏。

爸爸事前知道笔者家访，并没有反对，只是当日他需要上班，未能跟我们见面。初步与李家建立关系后，我先让妈妈和奶奶了解"注意缺陷／多动障碍"不是什么可怕的精神病患，只是患者脑部前额叶功能发展不足，影响患者的注意力、耐性及自控能力。患者的行为表现活跃，"坐不定、动手动脚"，不自觉把玩对象，其他人跟他们说话时，总觉得他们容易分心，没有留心听说。

注意缺陷／多动障碍的神经科学研究

大脑分为额叶、顶叶、颞叶和枕叶四大区块，当中以中央沟（central sulcus）为分界点。在中央沟前面的部分称为额叶。前额叶皮质（prefrontal cortex）位于额叶较前面的部分，其中背外侧前额叶皮质（dorsolateral prefrontal cortex，DLPFC）负责不同的认知功能、分析和解决问题及执行功能。背外侧前额叶皮质会整合身体不同部位传递的感官信息、过去的经验和记忆，以帮助个体决定自己的行为。

执行功能（executive function）指个人能专注于目前所做的事，以完成某项既定目标的能力，涉及个人控制冲动及维持注意力，并具备自我监控及弹性变化以达到目标的能力。如果执行功能发生障碍，个体会出现启动障碍，自发性行为减少，较常表现出行为和意念难以转换的固着状态（perseveration）。他们因无法抑制相关冲动信息，故无法控制自我行为；更因缺乏自觉，无法辨识社交情境中的角色和行为上的错误，影响社交生活。同时，他们缺乏理解抽象刺激与情境的能力，维持目标导向的能力较弱。

前额叶的最下面是眼眶额叶皮质（orbitalofrontal cortex，OFC），靠近人眼眶的上方，其功能是控制人的冲动、强迫意念和各种欲望，跟如何解读社会情境中的复杂社交行为信息及其背后的情绪意涵有关，亦会调节杏仁核（amygdala）引发的害怕反应。前额叶的前扣带回皮质（anterior cingulate cortex，

ACC）的上半部为背侧前扣带回皮质（dorsal ACC），负责选择性注意；下半部为腹侧前扣带回皮质（ventral ACC），负责个人的情绪。

前额叶分泌多巴胺和去甲肾上腺素，控制着我们的冲动，就像刹车装置，管理冲动的想法，让我们想一想再作决定。事实上，注意缺陷/多动障碍儿童的情绪起伏变化大，容易兴奋激动。他们的用语比较直接，令人觉得难相处；会没来由地发怒，部分人还会有攻击行为，容易与人产生摩擦和争执；可能因冲动而作出错误决定，继而后悔。他们因常在社交情境和学习中遇到挫折，容易产生负面的内在感受和低自尊感。

根据《精神障碍诊断与统计手册》（第四版修订版）的标准，注意缺陷/多动障碍的症状，可分为以下三类：

（1）注意缺陷（attention-deficit）；

（2）过度活跃/冲动（predominantly hyperactive-impulsive type）；

（3）注意缺陷/多动障碍（attention-deficit / hyperactivity disorder，AD / HD）。

具备以下症状中的六项以上，并持续六个月以上，可以界定为注意缺陷：

（1）对指定的事经常无法坚持完成，尤其是学校作业或工作中的责任事项，但并非因他们反抗或不理解指令的内容；

（2）在学习游戏活动中，经常难以保持注意力；

（3）经常无法注意学校课业、功课或其他活动的细节，粗心犯错；

（4）容易受到外来的刺激及吸引而分心；

（5）跟他人说话时，经常没有留心聆听；

（6）在日常生活中经常忘记和疏忽事情；

（7）对需要持续专心的工作、复习及做作业时常出现逃避、厌恶及不甘的表现；

（8）经常遗失或丢弃工作或活动所需物品；

（9）对安排的工作经常感到困难。

关于过度活跃／冲动症状：

（1）经常在教室或其他需要安静坐着的场合中离开座位；

（2）不能安静地参与活动；

（3）经常在座位上动手动脚及表现出不安分的移动；

（4）不顾场合地过多跑跳攀爬；

（5）还没有听完问题就迫不及待地脱口而出，说出答案；

（6）经常处于蓄势待发的状态，当要动起来时，表现狂野；

（7）说话太多；

（8）经常打断别人的谈话或打扰别人；

（9）经常在排队等待时出现困难。

如果具备注意缺陷／多动障碍的行为症状，还须考虑以下四个因素：

（1）在十二岁之前，至少出现某些注意缺陷及多动的症状；

（2）相关症状在两个或两个以上的不同情境中出现，如在家庭、学校，或与朋友、亲属在一起时；

（3）行为症状造成明显的社交、学业或工作上的障碍；

（4）出现的症状与焦虑症、解离症、广泛性发育障碍、精神分裂症及人格疾患等精神疾患的症状有区别。

支持家庭的三人对话

在临床观察中，家庭数据非常重要。笔者特意邀请家人一起观察及记录丽蓉是否出现上述表现，探索怎样顺应丽蓉的个性和发展需要，调整家庭教育方式，以助力她的心智健康发展。

第二次家访时，妈妈特意叫上爸爸和丽蓉，并安排奶奶和姐姐外出购物。爸爸先行打开话题，表示一直不担心丽蓉的表现，觉得女儿的学习能力不差，也喜欢读书上学，只是奶奶偏爱大姐姐的文静乖巧，接受不了丽蓉贪玩、固执的性子。

妈妈听到丈夫这样说，几次想插嘴解说事情不是这样的，但都给丈夫的话压下去："你希望女儿跟你一样，不声不响、沉默寡言才算好？房子这么小，丽蓉又还小，叫她待着不动，没病也要憋出病来。走动玩耍有多严重？"

当时丽蓉正半躺在书桌椅上转圈圈，不太留心爸妈的交谈。妈妈不满丈夫借意指责奶奶，对女儿的动作也看不下去，于是对丈夫说："你经常不在家，你见到几次？她静不下来。老师投诉她常在课堂上做作业时随手拿笔、橡皮擦或其他东西把玩，一直搓，玩很久。上课经常漫不经心，又常忘记带齐东西。你如果教她做功课，就会看到她总是坐立不安，无法自己完成作业。"

于是，我转问妈妈："现在丽蓉最令你困扰的是什么？"

妈妈接着说："最担心学校老师打电话来，担心女儿在学校又惹了麻烦。我工作时不方便接电话，更没有时间向老师解释，接到老师电话，会感到老师是在责备我们没有管教好孩子，自己觉得好烦。爸爸不想女儿被贴上'标签'，我夹在中间左右为难。"

我侧身，没有直望爸爸，让夫妻两人继续对话。

爸爸向我表示："孩子要慢慢教。丽蓉的行为没有问题，只是还不懂事。老师硬要说她是特殊学生，我不想争辩。我家的孩子不错。谁家父母愿意给孩子贴上这个标签？况且知道又如何？老师在课堂上还是这样教，女儿仍坐在同一个教室里，不见得有什么帮助！"

妈妈急着与丈夫对质："你会教她吗？你知道怎样帮助她吗？"爸爸没有马上回答，只是转眼望着女儿。

我问丽蓉："丽蓉，你在学校的生活过得怎样？"

她转头望一望我们："没有什么事！"

爸爸再问："你告诉罗博士，老师怎样罚你。"

丽蓉回答时显得不耐烦，一副不当一回事的样子，嘴巴像含着满口糕饼，含糊地说："整天被老师说上课不专心；做不完课堂作业，被罚没有课间休息。"

虽然爸妈觉得丽蓉太好动，但她不一定是老师所认为的注意缺陷／多动障碍儿童。妈妈也重复说女儿喜爱回校上课，可能是年幼时奶奶照看她，没有好好管束，如果现在自己多花点时间，应该可以纠正女儿的学习表现。

从新的角度了解孩子

眼见三人的谈话焦点都在丽蓉的行为问题及不愉快的经历上，我尝试协助丽蓉父母从新的角度了解女儿的优点和心智发展需要，避免纠缠于行为症状和问题，帮助他们协同分工，做好家庭教育和品德管教。

妈妈认为最迫切的问题是完成作业，我们就拟定应对策略，并邀请丽蓉参与回应。丽蓉说在妈妈和姐姐的督促下，她能完成大部分功课。可是，每日要写五六门作业，感觉怎么做都做不完，所以更加不想做。

妈妈回应："丽蓉喜欢看科学读物，而且考试成绩也不差，只是英文考试刚好及格。今年换了班主任，英文老师对学习要求较高，课堂秩序严格，经常投诉她，但投诉只限于无法专心完成功课，也不是品行问题。"

丽蓉立刻一脸委屈："英文生字好难，生字表很长，我背不出全部生字。不要默写太多就可以啦！"

妈妈知道丽蓉的注意缺陷，无法安定读写冗长的英文课业。她曾尝试将作业分段进行，教丽蓉先找出重点，并以一个一个小段落的长度，逐步完成功课，情况有所改善。

另外，笔者发现虽然这个家面积窄小，但在墙角放置了书桌椅。我鼓励丽蓉和父母商议，怎样充分利用这个小空间，建立一个尽量免于干扰又有点特色的学习环境，因为对丽蓉来说，完全安静或吵闹的环境都不利于她专注学习。

　　另外，爸爸同意协助妈妈建立对女儿的自我规范，养成良好的生活起居习惯，做出明确的时间安排，就管教女儿的方式达成一致。夫妻俩提到当姐姐还年幼时，一家人经常外出，例如烧烤，直至近年收入不稳定后，才减少一起郊游玩乐。我立刻抓住机会，鼓励他们享受家庭生活，况且好动的丽蓉有无穷的精力，运动、郊游、爬山都有助于她的身心发展。丽蓉听到不久以后一家人会去烧烤，立刻扭动身体，跳几步舞。我好奇一问，妈妈解释说女儿在幼儿园曾参加舞蹈表演，偶尔自创舞步来自娱。

　　对于"好动"的孩子，真的需要有"动"的机会。当"动"起来，他们自然感到刺激和满足，减少内心焦虑，舒服一点。我相信充分利用"好动"孩子的特质去探索世界，激发他们对"物"和"动"的兴趣，满足其需要，建立操作运动和有规律的生活，能促进其自我管理能力的发展。重要的是孩子通过"动"和"体验"学习，表现他们的特长技艺，以获得成就感和认同感，逐渐建立良好的自我概念和自我价值感。

全家协作

　　之后半年，我进行了几次家访及家庭支持工作，爸爸尽力配合家访时间留在家中。在家庭会谈中，我发现爸爸富有幽默感和创意，难怪好动的丽蓉喜欢亲近他。他除积极为女儿布置学习桌椅外，也慢慢正视丽蓉的注意缺陷／多动障碍的行为表现。为了增强丽蓉的专注力，爸妈尝试将他们的真实生活经验和家庭活动与学习内容联系起来，将无聊或繁重的学习内容细分成几个较小的或易处理的部分，尽量将学习与生活化的事例和故事联系起来，让女儿较易获得成就感。同时，爸爸重视丽蓉需要规则和做事排先后顺序的特质，多花点时间参与管教及发挥自己的作用，减轻妈妈的压力和无助感，在推动丽蓉的执行能力方面颇有成效。

另外，妈妈和两位女儿尝试建立家庭学习规律。姐姐的成绩优秀、自主学习能力佳，姐妹关系亲密，丽蓉又愿意依从姐姐的教导，故在父母的倡议下，姐姐发挥"小导师"的作用，辅助丽蓉觉察何时较容易分心，引导她回到学习内容和材料上，减少发呆或做白日梦。妈妈的情绪和耐性愈见改善，在教导阅读时，她试用不同颜色的笔或荧光笔画下重点和重要词句，让女儿容易注意到，增强她的搜寻能力。他们协助丽蓉学习背诵。在他们的帮助下，她已能将冗长句子分成数个短句，个别短句背熟之后，按顺序将短句合成完整句子，增进短期记忆。

虽然丽蓉的成绩一般，但对学校生活适应得还不错，没有惹出大麻烦。

在个人辅导上，首先改善丽蓉的自我对话方式，鼓励她发展健康的情绪表达和正面的自我感觉。正面积极的自我对话可调整个人的想法、情绪和行为，通过健康的自我形象和自我提醒方式，处理成长过程中的负面经验，改进其自我控制能力。

父母协作多以肯定态度鼓励女儿，奖励女儿的努力和进步，让她逐渐建立起积极正向的自我概念。幸好，近半年爸爸开工日数多，收入稳定并增加，父母能在假日安排一家人外出活动，扩展女儿的生活体验，使生活中的学习变得有趣。事实上，他们的家庭资源不足。我鼓励父母正视丽蓉的特殊教育需要和支持，寻找家庭以外的教育支持服务，为女儿的心智发展寻求适切的帮助。

丽蓉个案的治疗重点

（1）在生活中收集子女的注意缺陷/多动障碍的行为表现。

（2）父母不要总把焦点放在丽蓉的行为问题及不愉快的经历上，要以新的角度了解女儿的心智发展需要，统一对女儿的管教方式。

（3）临床治疗干预：协助父母建立对丽蓉的自我规范，养成良好的生活起居习惯，做出明确的时间安排。

（4）个人心理支持：充分利用"好动"孩子的特质，激发他们对"物"和"动"的兴趣，满足其需要，建立有规律的生活，促进其自我管理能力的发展。

（5）家庭心理教育：正视丽蓉需要通过"动"和"体验"学习，表现她的特长技艺，以获得成就感和认同感，逐渐建立良好的自我概念和自我价值感。

（6）家庭支持：鼓励父母安排家庭外出活动，扩展女儿生活的体验，使学习变得有趣。同时改善家庭成员及孩子的自我对话方式，鼓励他们表达正面的自我感觉。

4. 张家的故事：我的独子抑郁了

儿子经常面带愁容，又无动力，但我怎么也不相信他会抑郁！

志华身形瘦削，个子不高。他说话时声调柔弱，与人对话时不敢抬头直望对方，喜欢低头玩手机，每次对话都是简单一句回答，不说太多话，很难与人打开话题，延续对话。

志华跨区就读中学二年级，自小学成绩一直不理想，学习能力较弱。自中学一年级暑假开始，志华不愿跟父母多说话，老是把自己锁在房间里玩手机。家中的计算机放在客厅，从菲佣口中得知，父母上班时，志华终日沉迷网络游戏，上、下午两时段各玩三四个小时，吃午饭时都待在电视机前。暑假过后，志华回校上学，起初还可催促他起床上学，后来起床时间延迟，父母叫他他不应。若父母多叫几次，志华就用被子蒙过头，不理会他们。父母要赶时间上班，只能无奈地离开。自此，志华开始了旷课的日子。

妈妈曾经请假劝导儿子上课，尝试于午饭后带他回校，可是隔天早上，同样的情况又会出现，一家人为此不断地争吵。无论父母怎样劝导或态度强硬，甚至要求班主任及社工家访，志华都是回避，并不发一言。父母都感到无奈又彷徨。最终，父母抵不过志华的消极对抗，唯有为他请假，不去学校。

妈妈工作地点颇远，每天很早离家上班，来回路上时间近三小时，下班回家后仍要做饭，还要面对儿子的缺课，身心已觉疲累。爸爸是小型商场的维修保养员，须轮班工作，工作时间很长，与儿子相处的时间很少。他担心儿子的情况恶化下去，但无奈自己要先顾工作，可以为他做的事不多。

约一个月后，妈妈与儿子在"上学？不上学！"的纠缠和争吵下，都感到疲累和想放弃。在笔者的前个案家庭介绍下，她尝试以电邮的方式向我讲述儿子的情况并寻求协助。

逃避的儿子

首次家访，妈妈担心儿子拒绝会见，又不知怎样解释笔者是谁，为何前来家访。我鼓励妈妈简单交代及先跟儿子打招呼，若儿子不出房间，也不用太担心，让我先了解家庭状况，听听父母的困难和心声。因要迁就父亲的轮班时间，首次见面推迟了一个多星期。

见面是在星期五晚上。那天，志华像往常一样没去上课，把自己关在房间内。妈妈说："幸好，以前为方便照顾，儿子的房门设计成不能反锁，现在我们可以随时进去找他。"

爸爸又说："这两个房间都这么小，我们高声谈话，他可以听到，他不出来，就由着他。"

我刻意提高声调："志华，你好！我是 Dr. Law，今天妈妈邀请我来探望你们，跟你打声招呼。"

妈妈看着房门，看儿子没有反应，便接着说："他不想上学，又不肯说发生了什么事。这个年纪怎么可以不上学？我们夫妇俩很早要上班，根本无法照料他。我在公司担心儿子出事，怎么可以整日待在房间内打游戏？你要妈妈怎样做呀？"这时大家静下来，爸爸在门边窥见志华坐在床沿无聊地玩着手机，仍不愿出来。

当时爸爸本想推开房门进去抓他出来，被妈妈阻止："你叫他他不理会，你进去只会两人又吵一架！"爸爸没有作声，大家沉静片刻。

虽然他们家房子面积小，但布置美观整洁，组合柜内放置了几张家庭旅行照。我问父母："相片拍得很美，这个是志华？在哪里拍的？"

妈妈眼泛泪光告诉我说："小学时他很喜欢上学，也经常要我带他去街。上馆子他就最开心。我见他上中学后很不开心，拉他出去吃饭，他不去，宁愿要我买饭带回家给他。"妈妈继续说："他的小学同学都升入心仪的中学，他却独自被派到跨区的中学，觉得没有朋友。他被同学取笑是'排骨'，被人掷粉笔，还被嘲笑是'骨精'。我尝试开解他，劝勉他跟新同学好好相处，但他说我不懂他。"

爸爸回应："儿子怕事又胆小，读书成绩差，又被你宠坏，才会变成今天这个样子！"

妈妈抱怨说："儿子有事，你只会指责我教不好，你自己又是怎么当爸爸的？你帮他什么了？你又懂儿子多少？"

爸爸直望着太太，再望向我，没有再争辩。

"你不懂我"

面对志华的困境，父母束手无策。志华仍一言不发，坐在床边，偶尔转头回看，听听父母的对话。虽然我未能直接与志华对话，但仍可看见他，他安静地坐在床沿观察着父母亲的反应，其实也算在参与家庭对话。

总结第一次家访对话，妈妈留意到儿子经常面带愁容，负面话语常挂嘴边，觉得自己身形外貌都被人取笑，怎样努力成绩都不会好；每天放学回家就立刻躲进房间，不愿意多说话，很少与爸妈闲聊家常。当晚，志华虽然没有直接参与家庭对话，但他没有把门关上，一直留意我们的对话。结束后，笔者向他道别前，相约两星期内再来探访他，他没有反对，站在房门目送我离开。

初次家访，笔者觉察到志华真的在意爸爸的反应。爸爸表面上表现出对儿子的体谅和接纳，亦刻意表现出关心，但父子间缺乏情感的联系。

当时，笔者尽量在情境对话的过程中，搜集三方面的信息：
（1）志华的问题症状；

（2）他当前接受的支持或服务；

（3）他的家庭关系及家庭生活状况。

笔者尝试了解志华是否因升中学后遇上适应性障碍，在学校生活中遇到心理冲击、人际关系压力或挫折，呈现焦虑或抑郁情绪，影响他的日常生活和学习。

事实上，个人在生活上遇到挫折或应激（stress），容易出现情绪低落和抑郁。这种抑郁感会随着时间的流逝、事件的完结或压力源的消退而渐渐消失。但是，抑郁症带来的情绪低落并不会随着时间的流逝而消退，而是会逐渐演变成严重的情绪低落，影响当事人的专注力及判断力，认为自己无能，对生活没有兴趣。

正如志华对母亲说的"你不懂我！"我们难以设身处地去感受案主的心灵孤寂和无奈。

情绪障碍

医学上对抑郁症的分类仍有争议，但有较为典型的分类，包括单相障碍（unipolar disorder）和双相障碍（bipolar disorder，躁郁症）。轻抑郁症（轻郁症）和重抑郁症是常见的单相障碍，患者病发时，情绪都会很低落。相反，双相障碍病发时，会出现阶段性情绪低落（抑郁症状）与情绪高涨（躁郁症状）。

根据统计，一般轻抑郁症患者在青少年期间开始病发，但多数患者都没有正视，以为情绪低落只是生活的一部分，推迟接受治疗。其实轻郁症并不表示"轻"，它的专业名称是"低落性情感疾患"，也被称为"慢性抑郁症"。轻郁症是长期的慢性疾患，忧郁情绪较心情正常的日子更多，持续至少两年。患者会出现以下六个症状中的两个或以上：

（1）失眠或过度睡眠；

（2）自我形象缺损及情绪低落；

（3）容易感到疲累且缺乏活力；

（4）专注能力减退及决策判断困难；

（5）没有胃口或食量过大；

（6）对将来感到灰心或绝望。

抑郁症成因

抑郁症的成因颇为复杂，主要可分为：

（1）遗传因素；

（2）生理因素；

（3）社会环境因素。

抑郁症病发受三大因素影响。虽说抑郁症可能来自遗传，但并非必然。即使父母中的一位曾是抑郁症患者，他们的子女也不一定会患病。

事实上，当青少年踏进青春期，生理因素会影响他们的情绪调节。脑部活动的神经递质（neurotransmitters），承担着在脑细胞之间传递信息的重要角色和功能。这些种类繁多、数目庞大的化学分子，影响着脑细胞电流信息的传播和接收。

其中，影响情绪的神经递质包括：

（1）五羟色胺（serotonin）；

（2）去甲肾上腺素（noradrenaline）；

（3）多巴胺（dopamine）。

如果这三种神经递质之间出现不平衡，会使患者情绪低落及思维缓慢。在正常情况下，神经递质之间的互动和活动正常；当受到环境压力或逆境挫折时，神经递质的活动失去平衡，容易出现抑郁症状。不是每个人经历压力之后都必然会患上抑郁症，抑郁症与压力未必有直接关系，但当个人经历的困难和压力超越个人承受能力时，就可能间接引发抑郁症，也可能引起焦虑症、高血压和胃病症状。

走进家庭的诊断

第二次家访前，父母对志华可能患上轻抑郁症感到不安，对遗传因素致病更感到困惑。他们都说自己没有抑郁，并笑说"自己忙得连生病的时间都没有"，想单独约见笔者了解这是怎么回事。

志华父母认为儿子性格腼腆，担心他的性格容易出事。因应个人的性格不同，某些特质如要求过高、过分忧虑、悲观负面、自我批判、缺乏安全感、做事欠弹性等，都使人较容易患上抑郁症。

笔者运用家庭心理支持模式，帮助家人认识抑郁症，通过促进家庭成员之间的对话，协助儿童和青少年解决情绪和行为问题，重塑家庭整体的健康。

但我仍考虑当事人的生理和心理因素的交互作用，检视他的身体状况及生理疾病。他是否患有甲状腺内分泌失调？是否曾服用药物？是否缺乏维生素 B1 及 B2？是否缺乏矿物质，尤其是否患有缺铁性贫血？是否患有自身免疫失调病？这些都会导致情绪调节机制失去平衡，间接产生抑郁症。如果有这些情况，必须鼓励患者寻找医生治疗。

志华父母担心精神科药物会影响儿子的脑部发育。为了让他们明白抗抑郁药有助于治疗抑郁症，并非如他们误解的那样医治精神病，笔者鼓励他们先陪同儿子寻求医生的诊断，如真的需要服用药物，这也有助于舒缓抑郁的情绪，亦可帮助服用者减少焦虑和失眠。

治疗抑郁症

抑郁症是大脑神经递质活动失去平衡导致的。影响情绪的神经递质包括五羟色胺、去甲肾上腺素和多巴胺。

新一代抗抑郁药的效用是促使脑细胞神经递质的化学作用恢复平衡和正常。医生普遍使用百忧解（prozac）、克忧果（seroxat）、乐复得（zoloft）及喜普妙（cipram）等，这些药物属于五羟色胺再摄取抑制剂（selective serotonin reuptake inhibitor，SSRI）。

服用 SSRI 后会出现口干、便秘及排尿困难等副作用，有少数患者服用后可能会出现短暂而轻微的呕吐、口干、冒汗、肠胃不适等。

另外，药物配方三环抗郁剂的丙米嗪（imipramine）对轻抑郁症疗效较佳；其他还有多虑平（doxepin）、阿米替林（amitriptyline）、三甲丙米嗪（trimipramine）及度硫平（dothiepin）等。以上这组类别的三环抗郁剂可能会引起晕眩、体重增加、心跳及昏昏入睡的副作用。

近年，新抗抑郁剂萘法唑酮（nefazodone）、文拉法辛（venlafaxine）及米氮平（mirtazapine）等亦见上市使用，特别是奥罗力士（aurorix），有助于减轻多焦虑症状的抑郁症对身体机能失调的影响。

为何我长得这么矮？

在进行第二次家访时，妈妈特意安排在晚饭时间，志华坐在父母身边。志华虽不多言，但没有抗拒逃避，我们一起吃晚饭，闲聊家常。闲谈间，妈妈提及志华曾告诉她自己被同学欺负，问她："我怎么生得这么矮小，不像人家那么高大，矮小男孩被人欺负。"志华望望妈妈，欲语还休。笔者鼓励他说："你觉得自己生得矮小，所以被人欺负，可以多讲些，这样能让我们更了解你、懂你！"

志华顿了顿，断断续续、一小句一小句地说出，同学走近他，借意要帮他量高度，强将他抽起，让他脚离地，拉他的脚和裤子，不少同学围观，并笑称这样有助于他增高！

他转眼望着我，我点头示意。他继续小声说："课间休息时，我趴在书桌上休息，他们会走近我，突然大声叫我马骝仔（广东话，"猴子"之意），拍打我的头，说要叫醒我上课。"

笔者看见他眼望前方，呼了口气，沉浸在过去的情境中。爸爸见状，本想心急地说教，我示意爸爸给儿子时间，慢慢说出他经历的事，并鼓励爸爸对儿子说："爸爸听到和知道你经历的事，你慢慢说出来，爸妈会理解和帮助你。"

虽然父母对孩子为何受欺凌持不同意见，但面谈过程中，我鼓励他们保持对当事人的尊重，并考虑以"不知道的视角"（not knowing position），用心聆听当事人未能说出的故事。事实上，案主说出来时，会感到羞耻和恐惧不安。

相关的焦虑症状还包括躲避和退缩、人际关系压力和社交孤立，这是大脑的化学分泌影响神经递质和其他化学信息，以缓解身体的压力反应的表现。

校园欺凌的伤害

校园欺凌是青少年普遍会遇到的事。校园欺凌通常包括肢体欺凌和言语欺凌。肢体欺凌包括掌掴、拳打脚踢、借故碰撞或抚弄身体的敏感部位等；言语欺凌则包括以嘲讽身形外貌、戏弄整蛊、讥笑改绰号、说猥亵或淫秽的话刻意排挤和抵制等。

校园欺凌持续出现，对当事人的身心损害甚大。研究显示，儿童或青少年若面对持续和反复出现的压力，他们的大脑化学分泌和功能将会改变，导致个人的记忆力和专注力受损，降低身体免疫系统的免疫能力，无法保护他们免于心理焦虑、忧虑和压力等难受的感觉。不是所有抑郁症患者都会出现所有症状，但人际关系压力、孤立和挫折会对儿童造成巨大的心理负荷，家长须留意子女是否出现：

（1）对过去令他开心的人或活动失去兴趣；

（2）自我价值感低落；

（3）躲避家人和朋友；

（4）体重减轻或增加；

（5）难于入睡或睡得太多；

（6）过度罪恶感；

（7）自责无望、无能为力。

从过往的临床经验发现，学生欺凌和被欺凌事件持续发生，导致当事人出现情绪疾患，其中可能涉及家庭功能及家庭关系等问题，给当事人带来应对人际关系冲突的压力，也让他们缺乏应对的资源。

让我们彼此聆听

在之后数次的家庭探访中，志华慢慢透露自己的想法及感受。笔者从情境的视角，让父母与志华探索个人与家庭和学校生活的互动和关系，最重要的是开启家庭成员的真诚对话，促进父子之间的倾听和理解。这种学习倾听和情感联系，让家庭成员清楚地表达自己的想法和感受，互相了解，减少彼此的错误感知或不合理的担心忧虑。这也是在临床治疗和家庭支持过程中，促进心理健康教育的一环。

与家庭同行，笔者提点父母，帮助子女但不要命令他；在他有需要时给予正面反馈、适宜鼓励；反馈是参照子女的行为而不是依据别人的期待或投射给出。虽然我们是孩子的守护人和辅助者，给予他情感的支持，接纳他的困扰，但他自己才是疗愈的主角，我们要做的是在康复过程中与他携手前行！

变得强壮了

经过数次家访，志华虽仍未定时回校上课，但他愿与父母多交谈。虽然话题不外乎电脑游戏和手游，但从他们的交谈中，明显感到他们之间的压力和冲突减少了，家庭气氛轻松了，夫妻之间也不再因儿子出问题而互相指责。志华在会谈中与父母坐在一起，也会说出一些有关自己生活的事。笔者转头问爸爸："我留意到志华比从前开心了，乐意告诉我们他的事。

爸爸看见儿子的进步吗？"

父母亲刻意点头说"是的"。爸爸答道："没错，爸妈都知道志华的努力和进步。他还问我有没有什么食疗方法，帮助身体长高，体格变强！"

笔者好奇地问："是啊，是有办法的！不如爸妈和志华一起想办法。爸爸少年时，是怎样增高，变得强壮的呢？"

爸爸清晰地回答："我喜欢打篮球和跑步，中学二年级开始增高了很多。"

妈妈迫不及待地插嘴说："你多吃蛋白质食物，锻炼肌肉，长得结实，看起来就会高大一些！"

笔者立即赞成："志华，做运动和锻炼身体一定可以帮助你快速增高长大！你想什么时开始呀？"

虽然志华没有立刻回答，但他似乎在等待答案。爸爸见状，主动问他："不如见完罗博士后，我们一起做运动？"

志华没有反对，妈妈答："做完运动回来，我做好菜给你和爸爸吃！"

父母和志华逐渐变得主动，笔者让他们自行商量如何强健身体。父亲主动在工作之余陪志华跑步，一家人趁假日骑单车去郊野游玩。妈妈报名参加本地游活动，让家庭生活变得充满朝气和活力，增进了亲子感情。

学会解决问题

笔者亦采用"人在环境中"的视野，寻找和建立志华的社交能力和参与校园课外活动的途径。除了利用家庭与小区资源外，也提升志华个人应对压力的能力。他过往的应对方式多以情绪为取向，让自己沉溺在问题中，堕入挫折、愤怒和无能的感觉中；当压力源长期存在，甚至超越个人的资源和能力时，只能以逃避和退缩应对，损害了心理健康。

在个人辅导上，通过心理健康教育协助志华认知自己的不良应对方式，运用情境性对话和新的行为选择，促使志华学习问题解决策略，积极处理困难；试着依据真实状况看待事件，而不是凭借不讲理的情绪，寻找合理的问题解决方法。志华积极用心地改变和成长，但他偶尔仍会陷入负面思维和状态中，出现自责和挫折罪恶感的宣泄行为。

父母多了解情绪病的原因，学习聆听而不急于说出个人的意见和批评，减少了不必要的责备，重建家庭内部的互信关系，满足儿子在成长道路上的情感需要。志华配合医生的药物处方，定时服药。随着父母的努力和家庭健康功能的提升，志华不自觉地以退行和逃避的负面防御机制来舒缓焦虑和保护自我的行为减少了。志华得到医生、家长、老师和亲人的爱护和支持，在药物和心理治疗的双重辅助下，踏上康复治愈之路，慢慢适应了中学生活。

人生总会遇到不同的考验和起伏，我们不可能消除生活中的压力，但教导和培养子女正确应对压力的方式和行动，改变自我挫败的想法，增强个人的抗挫能力，亦是父母陪伴子女成长的目标。子女的成长之路很漫长，根本没有什么灵丹妙药可以百分百及一次性解决子女成长的问题。请父母关心及重视子女的品格和生活质量，抗衡社会扭曲的生活价值、似是而非的行为态度。在他们成长的道路上，建立良好的生活态度和习惯，陪伴他们一起走过人生各阶段的磨炼，打造美好生命的基础。

志华个案的治疗重点

（1）跟进志华个案前，了解他拒绝上学的个案性质及其家庭和学校的生活经验。

（2）家庭面谈：照顾父母对儿子可能患上轻抑郁症而不安的情绪，加强他们对抑郁症的认知，澄清他们对精神科药物使用的误解。

（3）个人心理支持：了解志华的病识感及对自己出现情绪疾患的想法，在关注他的家庭功能及家庭关系问题之外，探索影响他应对人际关系冲突的压力和资源。

（4）临床干预：志华要配合医生的药物治疗，定时服药，减轻抑郁症症状的影响；同时重建家庭内部的互信关系，满足孩子在成长路上的情感需要。

（5）心理健康教育：协助孩子认知自己的不良应对方式。运用情境性对话和新行为的选择，促使他学习新的问题应对策略，试着依据真实状况看待事件，寻找解决问题的合理方法，而不再依赖不讲理的情绪表达。

（6）促进家庭支持：父母教导和培养孩子面对压力的正确应对方式和行动，改变自我挫败的想法，增强个人抗挫能力。

5. 李家的故事：我成长的快乐岁月

　　我总有好多疑问：为何我的眼睛会流出水来？为何我总不明白别人在说什么？为何他们老要缠着我，我只想一个人待着！

　　笔者的心理支持强调拓展家庭经验中不同生活的可能，跳出个人狭窄的视野，突破旧有僵化及不良惯性的应对方法，相信家庭成员的自发改变，尝试寻找解决问题的不同策略。与家庭同行，笔者不会只看表征问题，唯协助孩子把自己的故事说出来，把问题转化成促进求助家庭自我改变和拓宽视野的起点和重要过程。

　　这个故事，是笔者特意邀请乐乐和妈妈说出和写下的。乐乐是中度自闭症女孩，有阅读理解困难和情绪问题。她到底是怎样看待世界和理解自己的经历呢？笔者的临床工作，是要让家庭成员从各自的角度把故事说出来，而说故事本身就是一个具有治疗价值的过程。

这是蛋糕，不是箱子

我是乐乐，今年九岁，读小学四年级。小时候妈妈常说我是爸爸的生日礼物（因为我的生日刚好在爸爸生日的前一天），也是这个家最特别的礼物。

说真的，我也觉得自己有些特别，和其他小朋友比起来有些不一样，不知道是好事还是坏事。记得大约三岁的时候，邻家的男孩和妈妈到我家来玩，玩着玩着，那个男生就说："这是一个蛋糕，这块蛋糕给你吃……"但那里没有蛋糕，只有一个装玩具的箱子。我便对那个男孩说："这是箱子，不是蛋糕。"怎料他又一次指着箱子说是蛋糕，还问我蛋糕好不好吃。但是这里根本就没有蛋糕，只有一个玩具箱，于是我们就"这是蛋糕""这不是蛋糕，是玩具箱""这是蛋糕""这不是蛋糕，是玩具箱"……这样他一句我一句地说着，最后那个男生就哭着对他妈妈说我不会玩，我不会假装那个玩具箱是蛋糕。我不懂，玩具箱就是玩具箱，不是蛋糕，我没有说错，他为什么要哭呢？至今我仍不明白。

如果你问我喜欢小学还是幼儿园，我会说我喜欢小学，不喜欢幼儿园。我对幼儿园唯一的印象就是排队，排队上校车，排队搭电梯，排队进教室，排队上厕所。我喜欢排队。刚上幼儿园时，我喜欢上学，放学回家后我会学老师指挥排队的样子，我会模仿老师说话叫我们排队的模样，这些都让我觉得很有趣。不过，不久，我就发现排队不是一件很有趣的事情。在幼儿园上学时有茶点时间，有时茶点过后我们要到另一间教室上课，小班那年的老师就会在茶点时间后要我们赶快排队，我知道老师要我赶快把水喝完、把点心吃完，但我就是快不了。老师走到我面前拿走我的杯子和茶点时，我真的接受不了，我说不出是什么样的感觉，只会哭，老师叫我不要哭，但是我停不下来，我就只是想哭。

茶点事件以后，老师和妈妈说了好多话。我知道他们在说我，但是我听不懂他们在说什么。回家以后，妈妈跟我说，不要什么事都哭，要说出来，说出来老师才能帮助我，哭解决不了问题。

关于"哭"这件事情，真的很困扰我，即使是现在仍然如此。大概是小班至中班这段时间，妈妈要我八点钟上床睡觉，我乖乖听话，但是一闭上眼睛就想起当天发生的所有事情，想起妈妈跟我说的故事，想起在学校玩的游戏，想到好多好多事。有时候我会在半夜醒来，醒来的时候都是在妈妈怀里，听见妈妈对我说不要哭、不要哭。妈妈问我是不是做噩梦了，梦见什么了，害怕什么。但我真不知道什么是做梦，不知道自己为什么哭，更不知道自己发生了什么事。

"警察会上门抓我？"

那段时间我尿了几次床。妈妈说我可能是想上厕所，于是要我在上床前先去小便，但是情况并没有改善，我仍然在半夜四点左右大哭，边睡边哭，醒来还是在哭。第二天早上，妈妈问我为什么哭，我又想不起到底发生了什么事。就这样过了大概一年，我半夜大哭时妈妈不再抱我，只是坐在一旁等我哭完才去睡。

记得有一个晚上，我哭得从床上掉下来了，而且还尿床了。我不知道该怎么办，躺在地上继续大哭。妈妈粗暴地把我从地上拉起来，很大声地对我说话。她要我自己换裤子，她说她好累。就在这时，家里的电话响起，是小区保安打来的，只见妈妈低声讲话，不停地说"对不起"。挂掉电话后，妈妈对我说要报警，等一下就会有警察来家里看看是哪个坏妈妈让小孩每天大哭。

听妈妈这么一说，我有点担心了，因为我们家从来没有警察上门过。我渐渐安静下来，双手抱在胸前，等警察上门。我等了又等，等了又等，却不见任何人来家里。我问妈妈：是不是真的有警察要来？他们来做什么？他们会把我带走吗？妈妈不再理会我。后来妈妈和弟弟都睡了。那天晚上，只剩我一个人在等警察。事实上，那次以后我都没见过警察来我家。我曾问妈妈：不是有警察上门吗？怎么从没见过呢？妈妈似乎不喜欢这个问题，每次听到这个问题又开始大声说话。我不知道她为什么突然大声说话，我只知道妈妈根本就是骗我的。

虽然我的幼儿园时期饱受半夜惊醒和莫名其妙的"哭"的困扰，但那时我认识了一个朋友，她是个大姐姐，叫埃拉。埃拉姐姐住在我家附近，我会和她聊天、玩耍，可惜每次她来家里玩的时候妈妈都不在家，或者埃拉姐姐刚走妈妈就回家。

有一次，爸妈带我和弟弟回台湾。弟弟那年两岁多，我四岁，我们和表哥表妹一起去散步。不过那天我心情很不好，那个地方好多人，我很不舒服，而且我一直找不到埃拉姐姐。那时我真的很不开心，又说不上到底发生了什么事。妈妈又说我哭了，叫我不要哭。我实在受不了，只好抱着弟弟大哭，边哭边说："我跟埃拉姐姐约好一起来台湾，但是这几天我都找不到她，她到底去了哪里？她不知道外婆家在哪里？她会不会迷路了？"那一次旅行是我最不开心的一次。

埃拉姐姐到底是谁其实我已经想不起，只记得那次去台湾的事情。直到现在，我也想不起埃拉姐姐的样子，我想我真的忘了这个朋友。

"我当小组长了"

上了小学以后，说实话，我也不是真的那么快乐。不过小学一年级的时候比较快乐，老师让我帮忙收作业，让我当小组长。那时我最喜欢上中文课，中文老师和我一样说普通话，而且她的普通话听起来很奇怪，很好笑，这么好笑的普通话让我觉得她是一个很有趣的老师，怎么会有人讲普通话的声音那么好笑呢！

一年级的时候，我是班上的英文小老师，还是个组长，我参加了学校的普通话故事比赛，还拿到第二名呢，这些都是让我开心的事。一年级唯一比较麻烦的是我的同学小金，她不只是我的同班同学，还是我的邻居。我们一起上课、下课，每次课间休息时，我都希望和她在一起。但是她太忙了，忙着和其他朋友一起玩，常忘记我们约好了课间一起休息。我不喜欢太多人在一起，有小金陪我就好了，希望小金每天都可以陪我，这样课间我就不用找人一起休息了，找人一起休息真的很麻烦。

我很喜欢小学一年级的日子，只是暑假开始，我就在补习班补习，妈妈说因为我会的中文字不多，所以要去补习。一年级升二年级的暑假好长，除了补习，我几乎都在家里，哪里也不去，不过我喜欢这样的生活，就跟平时上学一样。我也喜欢到补习班做题目，因为补习班老师会陪我一起读题目，就算我有不会的字，老师也会教我，和学校的老师不一样。

害怕写中文作业

开学了，我的好日子也过完了。一年级时我原本在 A 班，二年级转到 B 班，在这个班里我只认识几个同学，其他的我都只是见过面，不知道他们的名字，更没说过话。二年级的功课很多，我最不喜欢的就是抄写中文作业，几乎每天写中文作业时我都会被妈妈骂。妈妈大吼大叫，我开始害怕写中文作业。最不喜欢的课当然是中文课，我不懂老师在说什么，应该说，就算我听懂老师的话，我也不懂课文在写什么，我永远无法读字，就算每个字我都认识，也不明白这些字放在一起是什么意思。

记得我一开始就说我很特别吗？告诉你，原因是我的答案总是跟别人不一样。例如，老师说今天的天空是蓝色的，代表天气如何？我不懂蓝色的天空跟天气有什么关系。但是大家都知道那代表晴天，只有我一个人不知道，老师说我不用心、不思考、懒惰。那时候的我觉得自己比大多数人都要笨，即使从暑假开始努力学中文，但是成绩却没有进步，无论我怎么努力都无法及格，除了比别人笨以外，我找不到任何原因。我知道我比别人笨，每次做功课被骂的时候我就会跟妈妈说，我比别人笨，没救了。

视艺剪贴簿的意外

二年级，有一次我把同学的视艺剪贴簿撕破了，因为她用糨糊笔涂脏了她的桌子，还弄脏了我的桌子，我说不喜欢她这样，说了一次，又说了一次，后来我就撕了她的剪贴簿。一切都是那么自然。事发当天还发生了另一件事。我明明交了作业本，组长却说我没交，后来我发现有本作业本在我的桌子底下，应该是我的，但是作业本上写的不是我的名字，不……我确定带了作业本，那就是我的，于是我把作业本上的名字擦掉改成我的名字。我带了作业本，这本作业本又是在我的桌底下发现的，它当然是我的。后来老师说那作业本不是我的，是某某同学的，他们说我贪图别人的作业分数比较高，所以才偷别人的作业本改名字。

　　当天放学妈妈来接我时，老师把我们留在校园里谈话，老师和妈妈坐在一起，我坐在另一张桌子边，离妈妈和老师不远。老师正好坐在我和妈妈中间，有好几次我只看见老师的背影，看不到妈妈。老师和妈妈谈完后，妈妈问我会不会害怕，我说不会。回家后妈妈要我画一张画，我就跟平常一样画了一只小兔，小兔的心里有颗红石头，小兔的旁边还有许多烟花，红色的烟花。妈妈说这幅画很漂亮，要我送给她。好啊！

　　这件事并没有因为一幅画而结束。几天后，老师说找到我的作业本了。老师问我是不是害怕没有交作业被处罚才拿人家的作业本。我完全听不懂老师在说什么。我的意思是，我听得懂老师说的每个字，但是我不懂老师的意思。老师问我的时候我不知道该怎么回答，只说"不是"。那天放学后，妈妈说要带我去吃下午茶，只有我和她的约会，我很高兴。妈妈跟我提起撕破同学剪贴簿的事，也跟我说了作业本的事，我就跟妈妈说我听不懂老师的意思，我只以为在我桌子底下的作业本应该就是我的作业本，我不知道还能说什么。我一直重复这句话，直到妈妈不再问，我们回家了。

　　有一天，妈妈从图书馆借来一本书，关于一个小女生在学校的故事。那个小女生念四年级。妈妈念着书上的字，我在旁边听着。妈妈说这个小女孩不喜欢阅读，不是因为不喜欢故事，而是每次看着一行一行的字，那些字好像在跳舞，就算指着字一个字一个字地读，也总是跳字或跳行或者跳字又跳行，就算是学过的字，也一直想不起怎么读……还没听妈妈说完整个故事，我忍不住对妈妈说：为何那个小女孩那么像我啊？那一刻，妈妈突然把我抱得好紧好紧，但故事还没说完。我问妈妈：小女孩后来怎么了？为什么她会这样跳字跳行阅读？我这才发现妈妈在哭。妈妈说那个小女孩有阅读障碍，所以读起字来特别辛苦。我听不懂，我追问：什么是阅读障碍？我也是吗？妈妈说不管是不是，妈妈都会陪我一起学习。听完这个故事以后，妈妈真的陪我一起做功课，一起温习，但是我的成绩还是没有进步。每当考完试发了考卷以后，妈妈就忘了当初的承诺，如果我提醒妈妈她的承诺，妈妈就会大吼大叫。

"妈妈，我怕你大吼大叫"

每次妈妈对我大吼大叫我都很害怕，不过我更害怕的是妈妈问我问题。妈妈常问我为什么在哭，问我知不知道妈妈在生气，问我为什么不懂她的爱。这些问题我都不知道该怎么回答。有一次，妈妈问我为什么在哭，我回答我没有哭，妈妈生气地把我拉到厕所镜子前，我才发现原来我的脸湿湿的，眼睛里有水跑出来，可是我控制不了自己。我跟妈妈说，每当鼻子喷出热气，我就会发脾气大哭，我控制不了自己，控制不了自己。妈妈常问我知不知道她在生气。唉！如果她说她在生气就生气吧！我只知道我很害怕，而且每次大哭都好累，很多时候我都忘了自己为什么哭，妈妈为什么大吼大叫。妈妈又说她在生气，我什么都不知道，我只想睡觉、睡觉、睡觉。

二年级是我最不快乐的一年，我只能用"不知道"这三个字来总结：不知道老师在说什么，不知道妈妈为什么大吼大叫。我只知道妈妈大吼大叫我就很害怕，我不知道别人要我做什么，我又要做什么。这是个"不知道"的一年。

喜欢回到台湾外婆的家

二年级升三年级的暑假是一段开心的日子，妈妈带着我和弟弟回台湾外婆家玩。我喜欢台湾，喜欢在台湾的妈妈，更喜欢妈妈跟老师说不回学校拿成绩单，这是我亲耳听到妈妈跟老师说的喔！

我们在台湾最常做的事情就是画画。有一次，妈妈要我和弟弟、表哥、表妹画一幅画，主题是"我的家"。当我画完以后，弟弟大叫"为什么没有我，姐姐每次画画都没有画我"。我也不知道为什么没有画弟弟，好像真的每次都没有画他，我真的忘了画他啊！我只画了爸爸、妈妈和我。那次以后，每次画有关家人的图画，我还是忘了画弟弟。我不是故意的，只是忘记画弟弟而已。

三年级是我最快乐的一年，虽然从 B 班转到 C 班，但是大多数同学我都认识，而且知道他们的名字，也跟他们说过话。他们很有趣。有一次我参加普通话故事比赛，当我上台时，全班同学都站起来为我拍手，有人大声欢呼我的名字，还有个同学怕我忘了台词，拿着故事书翻页给我看。他们好好笑喔！我喜欢跟他们在一起。

虽然我喜欢和他们在一起，但不是每个人都喜欢我。有一次，我把某个同学的糖果丢到垃圾桶里，因为她说了让我生气的话。我告诉她我生气了，但是她不理我。我说我要把她的糖果丢到垃圾桶里，她说："好啊！"于是我真的丢了。后来同学说她的糖果不见了，说是我偷的。老师问话，我说"没有"。老师还搜我的书包，我不知道她为什么要这么做，我真的没有偷她的糖。那天的最后一堂课，老师把我叫到办公室，还有英文老师在场。老师在谈话之前先为我祷告，这是我第一次在学校看别人祷告。我只记得老师的祷告里提到，每个人都有做错的时候……后来我跟老师说我没有偷，我只是把糖果"丢"掉了，我跟同学说过"我要把你的糖果丢掉"，同学说"好"，我就这么做了，而且我当时很生气。老师听完后说她不觉得我在生气，其他同学也没有人发现我有什么不同，老师还说我怎么会这样想事情，难怪我会没朋友。但是我有朋友啊！全班同学都是我的朋友啊！只是我有时不喜欢跟他们一起玩，尤其是课间休息的时候。

"我真的不太喜欢课间休息"

说到课间休息，我真的不太喜欢，每个人都有朋友，而我常常一个人。这让我担心。我也曾经和其他同学一起玩，但是他们最后都离开我和别人一起玩。有一次课间休息，有男同学在男厕所玩水，副校长看见了，要我和另一个女同学守着男厕所，不要让男生进去玩水。我和同学乖乖听话。从此之后，每天课间休息时我就去守着厕所不让别人进去玩水。两三个星期后，妈妈要我去问副校长是不是每天都要去守着男厕所，副校长回答"随便你"，所以我还是每天都到厕所门口守着。其实我喜欢在课间休息的时候守厕所，这样就不用去找人陪我休息啦！就这样，课间休息时守厕所快两个月了，妈妈再次问学校老师，回答说我不用再去守厕所。原来副校长当初只是随口说说。唉！真可惜，我多希望每天课间休息时可以去守厕所。

三年级的妈妈比较不一样，不再像二年级那样要我补习、学习、复习书本。三年级开学没多久，妈妈开始带着我和弟弟去小区中心讲故事。刚开始我不是很习惯一大群人围着妈妈听故事，我一直远远地看着。后来妈妈说我可以替她拍照，这让我舒服多了。这以后，妈妈讲故事的时候，我就负责替妈妈拍照，如果有好玩的游戏我也会一起玩，但是我还是喜欢在一旁观察别人在做什么，观察妈妈的表情，替妈妈拍照。每次妈妈讲完故事以后就会和我一起看相片，说说听故事的那班小朋友当时的反应如何，这让我觉得很好玩。

一个星期日的下午，从外面回家后，我发现一件粉红色的背心不见了，估计是掉在市中心商场的厕所，一定是上完厕所后忘了拿。我急得猛跳。妈妈马上跟我说她会陪我去找，不

用担心。于是我们去商场厕所找那件粉红色的背心，还好找到了，我和妈妈都松了一口气。妈妈说请我去吃寿司，真是太开心了。

不知道别人为什么笑

我最喜欢和妈妈单独在一起。吃寿司的时候，我想起一件二年级发生的事。我跟妈妈说，二年级有位大哥哥常在厕所门口等我，他说如果我回家做功课的话就要杀死我。我知道那是不可能的，那个大哥哥根本不知道我们家在哪里，他根本找不到我；就算他在学校遇到我，他也不知道我有没有做功课；就算他在学校看到我做功课，我也可以跟他说是在校车上做的啊！如果他真的要杀我，学校也有老师、有纪律检查员、有同学看到，他杀不到我的。有时不只那个大哥哥在等我，还有另一个大哥哥，他们看见我就笑，我觉得他们在笑我，但不知道他们在笑什么。妈妈听完以后抱抱我，问我当时怕不怕，怎么二年级时没听我说过。我跟妈妈说我不怕，因为那个大哥哥一定杀不了我，我只是不知道他们在笑什么，我不喜欢他们笑我。

我常常不知道别人为什么笑，他们在笑什么，为什么对我笑，有什么好笑的。我甚至不明白别人的行为，为什么要这样做，为什么要那样做。就像有一次我生日，我已经准备给每个人两颗糖果，每个人都会有，我已经算好了。可是有同学竟然跪在地上求我给他糖吃，有同学更是把"我要糖"三个字写在黑板上跟我说他想要糖，这些都好奇怪。我已经说了每个人都有糖，不是吗？为什么他们要这么做？

回到家以后，我把这些事情告诉妈妈，妈妈跟我解释同学是在跟我玩，用一种夸张的方式跟我玩，他们觉得这样比较有趣；我说我不喜欢，乱七八糟，我不喜欢这样玩，我觉得他们很奇怪。不过，我喜欢妈妈向我解释，因为我开始不喜欢"不知道"，这一年是解决"不知道"的一年，我开始想知道别人的想法，别人为什么要这么做。我把所有的"不知道"都对妈妈说，有时候能得到答案，有时候得不到答案。我喜欢知道原因，每件事情都应该有个原因。

后来妈妈带我去上一门课程，妈妈说那是游戏治疗，可以帮助我了解自己。我喜欢在那里上课，王老师教我玩波子棋（即跳棋），我很快就上手了。除了波子棋，我们还玩西洋棋。老师说我学得很快，我还喜欢那里的不倒翁，相信弟弟也会喜欢。我还问老师那个不倒翁在哪里买的呢！上了这门课程以后，我终于知道我会什么了，我会下棋，而且我赢了很多同学喔！有时我们在学校玩波子棋，同学们都想挑战我，但是每次他们都输，我很高兴。我想起我的特长，或许，我真的很会下棋喔！我好想知道自己的特长是什么。

"你要生气就生气吧"

三年级下学期，我们家有了一些变化，爸爸要到台湾去工作。虽然我们三个月前已经知道爸爸要去台湾，但是爸爸去机场的那天，我的眼睛突然生病了，有好多水从眼睛里跑出来。我好害怕，我害怕得躲进房间用棉被盖着头。我生病了，一定病得很严重。我只准妈妈进来看我，我跟妈妈说我的眼睛病了。妈妈告诉我，眼睛没有生病，是心里不舒服，所以流眼泪。那些泪水不是眼睛生病时流出来的，是因为要跟爸爸分开，知道有段时间见不到爸爸，感到伤心难过，才流出来的。当我们感到难过时，就会自然地流眼泪。听妈妈说完，我真的很难过，抱着妈妈哭。我不让爸爸进房门，我只是抱着妈妈一直哭。原来这就是难过，是伤心，分离会让我伤心大哭。我哭着睡了，醒来的时候爸爸已经到了台湾。

说到感觉，妈妈大吼大叫时最常问我的就是："你知道我在生气吗？你知道我为什么生气吗？"有一次我真的受不了，我跟妈妈说："你说你在生气就生气吧，我只知道我很害怕、我很累，我要去睡觉了。"妈妈突然没有再说话，没有吼叫，家里安静下来。我不知道是什么让妈妈停止吼叫，我不在乎，我只知道自己真的受不了这样大声吼叫的声音，我要去睡觉了。

"妈妈说我有阿斯伯格综合征"

三年级学期末，放暑假之前，妈妈带我去见一位老师，后来才知道妈妈带我去作评估。妈妈说我有阿斯伯格综合征。妈妈说这不是病，只是每个人都有优点，也有缺点。患有阿斯伯格综合征的小朋友不懂得自己的感觉和情绪，不懂得别人的表情代表什么意思，有时不懂得别人说话的意思，或者常常心里想的和说出来的意思不同。只要了解自己，了解别人，慢慢学习就好。难怪我常常这样，心里想的和说出来的不一样，所以我说一句话要想很久，说出来后却奇奇怪怪。有一次，我说英文老师请我吃荷包蛋，爸爸妈妈惊讶地看着我，问我：是熟的荷包蛋吗？他们的问题好奇怪，妈妈一连问了我好几次："是荷包蛋吗？是真的蛋吗？还是像荷包蛋的糖果？"对对对，是荷包蛋糖。这时我才恍然大悟，我又说错话了，这样的事情经常发生。

其实我还是不懂阿斯伯格综合征是什么，不过我知道台湾省台北市市长和我一样有阿斯伯格综合征，这让我比较放心，至少这个世界上不是只有我一个人有这个问题。

三年级升四年级的暑假，我们回台湾和爸爸在一起。我喜欢我们一家四口住在一起，我不喜欢只有妈妈、弟弟和我三个人在香港。在台湾的一个月，妈妈带我学溜冰、学游泳。刚开始我不喜欢溜冰，因为我没做过也没见过，我不喜欢"不知道"的事情。到了溜冰场，穿上溜冰鞋，妈妈说我的平衡感好，把身体放轻松，轻轻地抬脚溜冰，滑出第一步就会知道我是属于溜冰场的。果然，当我滑出一步，我太喜欢溜冰的感觉，第一次溜冰就爱上这项运动。我喜欢游泳，但更喜欢溜冰。这个暑假，妈妈还带我参加小阿姨的长笛演奏会，虽然我不太喜欢长笛的声音，但是我喜欢音乐，喜欢听音乐。

听着小阿姨演奏长笛的旋律，我的心情很平静，很舒服，原来我喜欢这种没有歌词的音乐，而且我一直都喜欢音乐，只是我不知道。演奏会结束后，我把自己的感觉告诉妈妈。妈妈说今天听的是古典乐，听音乐的时候我们的情绪会随着音乐的旋律改变，妈妈说她跟我一样喜欢听古典乐。

"我的头发呀！"

这个暑假我还做了一件事，就是上美发院让美发师帮我剪头发。这是我第一次让妈妈以外的人帮我剪头发，因为我不喜欢别人摸我或碰到我的身体。那一次是外婆带我、弟弟、表哥和表妹一起去剪头发。弟弟先剪，我好担心弟弟的耳朵会被剪掉，所以我一直站在弟弟旁边看着。接着是表哥，然后是表妹，最后才是我。轮到我坐上美发师的椅子时，我有点担心，我从镜子中看到自己的样子，我不习惯，我低着头不看，听到外婆和美发师在讨论我的头发。美发师说我的头发很细、很软，发质很好，但是这样的头发很容易打结。我马上想起妈妈常抱怨我的头发乱七八糟老是打结，原来是因为发质的缘故啊。

每次梳头发遇到头发打结时，我好怕那种拉扯头发、拉扯头皮的感觉，觉得好痛好痛，痛得我大哭大叫。妈妈总说我太夸张了，不过我真的很痛很痛。现在知道关于头发所有不好的感觉都是因为发质，我松了一口气。说着说着头发就剪完了，我马上跟妈妈说我的头发老是打结的原因，而且剪头发并没有我想象的那么可怕！

这个暑假是我最快乐的暑假，因为可以跟爸爸在一起，还有我知道我喜欢什么、不喜欢什么。我喜欢游泳、溜冰，我喜欢看台湾的政治节目；我不喜欢去没去过的地方，不喜欢吃没吃过的食物，我不喜欢别人大声说话，不喜欢别人摸我。对了，我还不喜欢看电影，超讨厌的。

和爸爸在一起了

离开台湾回到香港后，妈妈决定半年后我们回台湾跟爸爸一起住，这个消息让我很高兴。今年开学后，我从 C 班转到 D 班，我不喜欢换班级，不喜欢换老师，但是我改变不了。新老师让我既期待又害怕。新老师是中文老师，她还指定我当中文小老师，让我有更多机会跟她说话。我喜欢和老师谈话多于和同学谈话。这个学期我交了一个好朋友：晓晴。她坐在我旁边，我们一起休息，一起上厕所，一起去图书馆看书，还一起参加学校"故事大姐姐"活动，我们一起讲故事给低年级小朋友听，我喜欢和她在一起。

当她知道我要回台湾的时候，她说舍不得我走，她哭了，我不知道该怎么办。不过，我记得从台湾回香港要和爸爸分离的时候，我也说了舍不得爸爸。回家以后，我把这件事情告诉妈妈。妈妈说同一件事情每个人会有不同感觉，同学因为你要离开舍不得你，就和你舍不得爸爸一样，你可以想想有什么方法安慰同学。听完妈妈的话，我决定做一张卡送给同学，妈妈还替我买一份小礼物送给晓晴。妈妈要我留意晓晴喜欢什么东西、需要什么东西，我确实发现晓晴需要一个作业袋，希望她喜欢我送给她的礼物。

"弟弟，你好吵！"

四年级以前，我只有男生朋友，我觉得男生比较容易相处，比较容易一起玩。现在我有男生朋友，也有女生朋友，女生朋友也喜欢和我一起玩，有朋友的感觉很好。有一次，念二年级的弟弟课间来班上找我一起休息，我不想和弟弟一起休息，我不喜欢弟弟在学校找我，我有自己的朋友，我只想和同学一起休息。我叫弟弟走开，他还是跟着我，我还是叫弟弟走开，并推了他一下。旁边的女同学晓妍突然抓着我弟弟要我赶快走，晓妍说她不会让他接近我。我叫她闭嘴不要再说话了，我没有再理弟弟和晓妍，快快地走开了。回家以后，我觉得怪怪的，弟弟不跟我玩，不跟我讲话，也不写作业，这让我很生气。我气得像妈妈一样大吼大叫，他也不理我，直到妈妈出现。弟弟跑进房间大哭，我不知道发生了什么事。我站在客厅，一个人站着，这种感觉很可怕。发生什么事了吗？

妈妈从我身边走过，没有理我，直接走向弟弟的房间，把弟弟的房门关了起来，但是我还能听见弟弟的哭声和妈妈说话的声音。弟弟的哭声让我觉得好吵，我大叫："好吵！好吵！"真的好讨厌这种感觉。当我再一次看到妈妈时，妈妈要我去洗脸，冷静下来，然后要我擦擦护手霜或听听音乐。我喜欢护手霜那种香香的味道，我决定去擦护手霜，闻闻香香的味道。

这一天吃完晚饭后，妈妈要我把弟弟来找我的情况说一遍，然后由弟弟说一遍。妈妈说这两个故事的主角都是我和弟弟，为什么我们讲的故事不一样。弟弟好像很快就懂妈妈在说什么，妈妈要他说出他的感觉。接着妈妈跟我单独在房间里谈话，问我有没有记起弟弟说了哪些感觉。我只记得弟弟说他课间休息时没有朋友陪，所以才来找我，我没有陪他，而且我的同学抓住他的时候很痛。说到这里，我告诉妈妈我想哭。妈妈又问我怎么会叫弟弟"走开"，这不像我会说的话。我告诉妈妈，晓妍是我的同班同学，她也有个二年级的弟弟常来找她，她很讨厌她的弟弟，每次都推她的弟弟，叫他"走开"。我只是不想和弟弟一起休息，因为我已经和同学约好一起玩，所以我也叫他走开，他不走，我就推他。我以为妈妈听完以后会生气，没想到妈妈不但没有生气，还跟我说了好多话，告诉我弟弟很伤心难过，希望我能想想以前课间想有人一起休息，不想一个人的感觉。听完妈妈的话，我心里觉得怪怪的、怪怪的、怪怪的。

最快乐的时光

到目前为止，我觉得最快乐的时光应该是三年级的时候，但是我喜欢现在的自己多于以前的自己。现在的我知道自己喜欢什么、不喜欢什么，我懂得怎么说出自己的想法和感受，虽然很多时候我还是很难告诉别人我的感觉，解释不了自己的想法，但是我会慢慢说，慢慢想，尽量不发脾气。

现在的我有很多兴趣爱好：听音乐、画画、乱弹琴、烹饪、做手工、游泳、溜冰……最近我还有了一个新的兴趣爱好，就是看新闻报道，每一则新闻都好像一个小故事。我对政治人物、战争、环保的话题特别感兴趣，每次看新闻时我都会问妈妈这些事情是怎么发生的，为什么这些人要这么做，思考这些事情让我觉得很有趣。还有就是玩桌游。自从妈妈知道我喜欢玩棋以后，妈妈买了许多桌游给我玩。玩游戏给我一种安全感，因为每个人都要遵守游戏规则，我喜欢这些游戏规则。我不仅会下棋，其他桌游也很容易上手，有时还会跟弟弟一起设计新的游戏。

我喜欢现在多姿多彩的自己，这样的我就好像一幅五颜六色的图画。

乐乐个案的治疗重点

（1）家长教育：指导父母从乐乐的眼光看待事物，走进她的内心世界，明白她怎样看世界及理解自己的经历。

（2）心理支持：掌握孩子天性活泼好动、渴慕知识和精力充沛的表现，了解她喜爱善于教导她和能够回答她因好奇而提问题的人的情况。

（3）临床干预：要让家庭成员从各自的角度把故事说出来，说故事本身具有特别的意义，是一个具有治疗价值的过程。

（4）家庭支持辅导：假单亲母亲基于个人情绪需要和孩子情况，在现实生活的有限条件中，寻求支持；身在台湾工作的父亲，可通过不同途径，加强与家庭的联系和对家庭的照顾。

（5）临床治疗：由家庭成员从经验中拓展不同生活的可能，跳出个人狭窄的视野，突破旧有僵化及不良惯性的应对方法，相信家庭成员的自发改变，尝试寻找不同的问题解决策略。

第五章
特殊教育需要孩子的家长专访

1. 无心兄弟和虎爸苦妈

2. 机械娃娃和故事妈妈

3. 不聪明也能加入人生进步组

4. 我的女儿是夜青

采访感想

采访：邝宝芝

（毕业于香港中文大学新
闻与传播学院，曾多年
从事传媒工作，致力于
关注和服务有特殊教育
需要的孩子）

导言

　　本章邀请了邝宝芝女士采访本人多年跟进的四个家庭个案。从家长的角度记录"我家孩子不一样"的家庭经历，希望为特殊教育需要孩子的家庭发声，也让读者聆听母亲的心声！

1. 无心兄弟和虎爸苦妈

　　　　我看着他一边抄写，一边打瞌睡，有时又抄得泪流满面，真的很心疼。

　　个子娇小的淑芳是三个孩子的妈妈，长子十六岁，次女十三岁，幼子十一岁，他们从小都就读国际学校，三人的学费每年要花费十多万。淑芳在幼子出生后，便留在家里专心带孩子，由丈夫赚钱养家，供孩子们上学。这样的家庭，听起来可能让人相当羡慕。不过，当淑芳提起她家中两个"无心"兄弟、她的"虎爸"丈夫和她的"苦妈"处境，又让人有另一番体会。

　　"无心"，是形容兄弟俩的问题行为。淑芳两个儿子都曾接受评估，证实患有注意缺陷/多动障碍。即使同是注意缺陷/多动障碍孩子，他们在成长的道路上也面临着不同的挑战。

　　长子是无心控制型，行为冲动，常常被学校老师投诉打人、推撞同学，在家也会无故发脾气，不能控制情绪，发怒时像要杀人一样。幼子则是无心专注型，常常做白日梦，一副游魂的样子，思考组织混乱，表达、理解也有困难，连回答一个简单的问题——想要饼干还是雪糕——也要思考一分钟之久。

社交上，两人皆很难结交朋友，缺乏自信，在成长的道路上充满挫败感。

挫败感的来源，亦包括他们的"虎爸"。强势的丈夫没有接受儿子有特殊需要的现实，坚持高期望、严管教的方法，甚至用恶意批评打击孩子自尊的激将法。负责照顾孩子的"苦妈"感到难过，往往把问题归咎于自己管教不善，独自承受学校的投诉，当"丑人"为孩子的过错道歉。当夫妻俩无法在管教标准及态度上取得共识，对孩子的成长会有什么影响？

注意缺陷/多动障碍

让我们先来了解什么是注意缺陷/多动障碍。

注意缺陷/多动障碍是一种发育障碍，主要有三类症状：

（1）专注力失调型；

（2）冲动及多动型；

（3）混合型。

由于注意缺陷/多动障碍孩子的专注力较弱，行为冲动，他们的学习和社交直接受到影响，成长的路上充满挑战。易冲动、常失魂，好像是注意缺陷/多动障碍孩子的代名词。这些行为表征，是基于他们的执行功能（execution function）缺损。执行功能包括情绪控制、反应抑制、持久专注、工作记忆、组织、规划及优次排序、时间管理、灵活变通、元认知、坚持达标等技能。如果执行功能未能正常运作，注意缺陷/多动障碍孩子便会难以自控，行为冲动，学习欠专注，缺乏动力和目标，许多方面都搞得乱七八糟，一塌糊涂。

障碍重重的两个儿子

淑芳先介绍她的孩子："我有三个孩子，其中长子及幼子都有特殊需要。长子十六岁，自小有注意缺陷／多动障碍及读写障碍。幼子十一岁，有注意缺陷／多动障碍及言语障碍。"

长子出生后，淑芳还不是全职妈妈，需要跟随丈夫到内地工作，每每数天才回家看看儿子。照顾孩子的责任交托在夫家和菲佣身上。当长子两三岁时，家人留意到他有许多不当行为：当父母不在家时，他会咬拖鞋、用头撞墙、发脾气打人、咬人，在学校也会咬人。

"我渐渐觉得他不太对劲，他很容易发脾气，动不动就哭闹，我又不明白他为何发脾气。可是，丈夫完全不认为孩子有问题，他觉得只是孩子还小，倒怪我管教不善。"淑芳一脸委屈地说。当时，因为长子的问题行为，淑芳带儿子到社会福利机构接受辅导。辅导员见了孩子，见了淑芳，也想跟孩子的爸爸见面，可是丈夫一口拒绝。

长子升上小学才接受评估，证实患有注意缺陷／多动障碍，并有读写障碍。

"长子念幼儿园时，已经很少有朋友，升小学后，更加没有朋友。学校经常投诉他打人、推撞别人，稍不顺心，就大发脾气，常常跟老师对抗，也会故意推倒桌椅。学生手册的沟通栏都写满投诉，也有老师亲自打电话给我，说他发脾气、打人、漏带东西、欠交功课等。"每次淑芳看见是学校打来的电话，都会心头一震，不知道长子又犯什么事了，也常常要为儿子的过失向同学的家长道歉。

"是他推我！"

"他总说是人家不对，'是他推我！''是他抢了我的东西！'"

淑芳说，长子在家发脾气，通常是因为玩游戏输了不服气，或是跟弟弟吵架。发脾气时，他会乱扔东西，把书本重重掷在地上，甚至会把坐垫迎面掷向弟弟。淑芳形容他生气时的样子："真的很恐怖，双眼直瞪着你，好像要把你杀掉一样！"

长子行为冲动，对很小的刺激也会产生很大的反应，除了是因为情绪上不能自我控制，他也有某种感觉处理困难，影响他的社交和日常行为。

"小时候，长子真的很抗拒别人的触碰，碰一下也不可以！"当其他同学不小心碰到他时，他就会忍不住动手打人。"我跟他外出，坐巴士、坐地铁，他一定不肯跟其他乘客一起坐。假如有人坐在他身旁，或者在街上被路人碰到他的身体，他会整天说：'他碰到我呀！我很不喜欢呀！'轰炸我一整天！"

这样的情况持续了好几年。直到有一天，儿子坐小巴，车上只剩下一个座位，他只能与别的乘客一起坐。事后，他又重复诉苦。淑芳那时已学习了特殊教育知识，便尝试引导儿子，让儿子知道母亲是明白他的，会接纳他不舒服的感觉。淑芳用温柔的声线开解长子："'我知道你觉得很不舒服，我知道你不喜欢人家触碰你，我知道你不喜欢跟陌生人一起坐。不如你试试告诉妈妈，你哪里不舒服？'我就让他一直说，一直说。"一两次之后，长子就减少了这方面的抱怨。长大以后，他能接受与陌生人并排而坐，虽然始终不喜欢别人碰到他，但反应不再那么强烈，可以找些方法适应社交的处境。

长子除了行为冲动，常在学校犯事之外，每天在家做功课也令淑芳感到很头疼。"他放学回家之后，总是不愿做功课，认字很差，学过的东西很快就忘得一干二净。教导他的时候，他就在游魂，心很散，根本没有把你的话听进耳朵里。"

除了注意缺陷／多动障碍，读写障碍也影响了长子的学习，特别是中文科。"他写的中文字不工整，字形不合比例，某部分写得很大，其余部分则写得很小，簿子都不够位置给他写。如果纸上没有格子，他会把字写得很大，却总是漏了一撇、一点，抄也会抄错。中文的读和写，他都有困难。这边厢教了他认字，那边厢又认错了，比如，把'校车'的'校'字，当作'放学'的'学'字；把'完成'的'完'字，当作'玩具'的'玩'字。阅读时，他也有跳行跳字的毛病。"幸好，淑芳替长子报读中学时，已说明他有读写障碍，学校也为他作了特别的安排，例如在公开考试中加时和使用计算机作答。

读写障碍

注意缺陷／多动障碍孩子可能同时出现另一种或多种混合障碍，称为"共病"，读写障碍是常见的共病之一。读写障碍是由于脑功能出现先天障碍所致，患者往往在"认读"和"默写"字词时感到异常困难，大大影响理解和学习。在认读方面，读写障碍学童经常混淆字形相似的字（如把"土"读作"士"）或字义相近的字（如把"吃"读作"食"），阅读速度缓慢，也会跳行跳字。默写方面，他们容易写错笔画，串错字，即使反复抄写，也会默错。

当注意缺陷／多动障碍与读写障碍同时发生在儿童身上时，一方面，他们会缺乏学习动机和信心，组织和执行力较弱；另一方面，他们也会出现阅读和书写困难，难以应付日常的作业、默写和考试。

慢半拍的孩子

同样患有注意缺陷／多动障碍，长子在"冲动行为"方面表现较明显，幼子则偏向"注意缺陷"，同时有言语障碍。有了长子的经验，当淑芳观察到幼子早期的言语发展较慢时，便在他两岁时轮候评估服务，在他四岁时带他接受了评估，获安排接受言语治疗。幼子六岁时被确定患有注意缺陷／多动障碍。

淑芳说，幼子从小在表达、理解方面都有困难，不大理睬别人，当人家和他说话时，他会停顿很久才作出反应。"当他有反应接下去时，人家都已经走了。即使到了现在（十一岁），他还是要想很久才会有反应。简单的问题，如问他'你想要饼干还是雪糕？'他也要想足一分钟。别的孩子通常不耐烦，不会等他回应。"

学习方面，幼子的表现也较弱，因为接收、组织和处理信息的能力较差，难以将老师的指令化为行动，也会被脑中许多无关紧要的念头分了心。就算执行了，过程中亦会遗漏某些步骤。淑芳说，老师会另外设计工作纸给幼子，例如把问题拆分为几个部分，分成几个步骤，这样他才懂得作答。另外，老师也会给他不同颜色的字条贴，提醒他哪些是重要内容，让他集中学习。

我和儿子最黑暗的半个月

适当的学习调适和合宜的教学方法对注意缺陷/多动障碍孩子尤为重要。如果课程太冗长沉闷，太多重复抄写，又缺少发泄精力的"放电"时间，会让注意缺陷/多动障碍孩子叫苦连天。淑芳忆述，幼子曾多次参加升小学面试，但全军覆没。每次面试，他只是放声大哭，不懂回应，所以一所小学也没有考上。好不容易找到一所私立学校，但读了十多天就退学了。

淑芳形容那短短的十多天，是她和幼子最黑暗的时期："我记得那十多天，我和幼子都很痛苦。那所学校没有体育课，教学内容太深，进度太快，幼子根本听不明白。学校对中英文的要求都很高，连幼子一向较擅长的英文科，他也不喜欢。我们回家就要赶功课，数量多，内容也艰深。而且，大部分功课都是抄写。我看见他一边抄写，一边打瞌睡，有时又抄得泪流满面，真的很心疼，马上替他转到一所国际学校。"

淑芳记得有一次，她在家中扫地，幼子走过来帮忙，很认真地说："我觉得我扫地很在行，妈妈，长大后我可以去当扫地工了！"淑芳当时真是百感交集，知道幼子自觉一无是处，只有扫地比较在行。别的孩子可能想当医生、建筑师、工程师，自己的孩子却只盼望当个扫地工。淑芳没怪孩子辜负双亲的养育，只是深深体会到幼子的挫败感真的太重了。

陪伴幼子成长十多年，淑芳感受最深的是，幼子很容易放弃。他的口头禅是："我不懂！""我不行！""我不做了！"总是还未尝试就开始打退堂鼓，做人做事都缺乏信心。

同学开生日会，没有邀请他

除了学习上的困难，注意缺陷 / 多动障碍孩子在社交方面亦经常受挫。他们缺乏社交技巧，往往因为行为冲动，容易与人交恶，或者诿过于人。他们容易感到自卑，怕被同伴取笑、指责，难以建立健康的社交关系。

淑芳忆起一次让她心酸的经历。"长子在小学三、四年级时，班中一位同学开生日会。他知道许多同学都会出席，也很想参加。当天放学后，同学们纷纷到那位同学家中去开生日会，可是我的儿子没有被邀请。他在学校哭着说：'我很想去同学的生日会！'但是人家根本没有邀请他，他很难过。"淑芳明白，长子被朋辈拒之门外，被孤立的滋味很不好受。

同样，幼子亦缺乏交朋友的技巧，常常做出古灵精怪的动作引人注意，看起来傻愣愣、很愚蠢的样子。淑芳说起幼子的夸张行为时，感到无奈："他会突然间跑到你面前扮鬼脸，甩手甩脚的，让人觉得很奇怪。去年圣诞节，我们一家和亲戚外出，幼子见堂弟妹玩得高兴，就不停地在旁边骚扰人家，我只好不时地在他身旁提醒他，但多提醒几句，又好像责骂他了，我真是左右为难。"淑芳说，幼子常责怪别人很烦扰，但对自己的骚扰行为却不自知。

要他们成长，先要刻意伤害？

最令淑芳困扰的，是夫妻管教不同步：一个是采取高压手段的"虎爸"，一个是默默当"丑人"的"苦妈"，两人对孩子期望不同，容易产生摩擦。"孩子的管教问题，很大程度是源自我们夫妻间没有共识，但我真的不能接受他那套教法！"

淑芳红着眼，说出这些分歧的真正原因："我觉得丈夫根本不接受儿子有特殊需要。"

不少育有特殊需要孩子的家庭，都有特别的家居布置，例如在显眼处贴上鼓励或提示句子，提醒孩子。不过，淑芳的丈夫坚决拒绝这种布置："我本来也想在家中贴些提示或鼓励句子，但丈夫不喜欢，他情愿家里看起来简约时尚，像个示范单位一样。但我也坚持贴一张半张。早前长子学习健脑操，想过把健脑操的二十六式图示贴在家中，但丈夫也不高兴。"

夫妻两人的管教方法更是截然不同："丈夫对长子一直有偏见，觉得他'很白痴、很差劲、无可救药'。他总是贬低长子，当面说他'没用！'这些打击的话，真的很伤害孩子的自尊心。对幼子，他会说些负面话，但起码愿意陪幼子玩；对于长子，他真的很少亲近。"

"我劝过丈夫，你不断对儿子说打击的话，很难建立他的自信！但丈夫总是不理解，只觉得我过于保护儿子，令他们不能独立成长。我不时检讨自己，是不是真的太保护他们了？我的管教方式，是不是也要调整一下？有时我都会放开一点，避免过分保护。不过，放手归放手，也不应该刻意伤害他们！我觉得丈夫对儿子的期望，只是想一步登天。我常常对丈夫说，看见孩子有一小步的进步，我已经很高兴了。我请丈夫也赞扬孩子一句，他总是不肯，他要求的是多几十倍、几百倍的进步！试问儿子怎么能做得到？我心想，丈夫也未必做得到！当你为儿子设下高不可攀的目标，儿子只会感到无法达成，便干脆不做了。可是，丈夫依然坚持他的管教方法。"

连我也放弃，孩子会很惨

夫妻不同步，儿子难教，淑芳一直感到自己是孤军作战。"有时见到儿子的表现稍有好转，我都会很开心，但不知怎的，很快他们又打回原形，让我很气馁。我总是首先想到，是否自己教得不好？我很自责，很有挫败感。为什么孩子又在学校打人了？最严重的那次，是长子读小学时打老师。由于事件严重，他被罚停课一天，给他一点阻吓。当学校打电话向我投诉儿子犯事，我不敢对丈夫说，怕一旦告诉他，他会气得打儿子。'打手板'，打很多很多下，十下、二十下、一百下。儿子被打得很痛，却不能缩手，缩了手，就要再补打。儿子被打当然很生气，但又知道不能在父亲面前发脾气，因为发脾气会被打得更多，只能一直哭一直哭。打完了，儿子会不吭一声，缩在一角，但看得出他仍然很生气！"

丈夫打完孩子，却不会跟孩子分析问题所在。淑芳觉得这样于事无补，就在长子四年级开始，要他在每次犯事之后，写下自己做错什么、事情发生的经过、自己的想法等，帮助他自我反省。

"虽然觉得自己是孤军作战，但想深一层，如果连我也放弃，就没有人理会我的孩子了。孩子的人生，岂不是会更难过？如果连我都不理孩子，他们就会很惨！"

哪个孩子不出色

其实，淑芳两个注意缺陷 / 多动障碍儿子在其他方面也有出色的表现。他们都是学校足球队成员，在艺术创作方面颇有天分，特别是长子。"长子在绘画方面表现不错，有老师说，他的绘画能力甚至比同龄孩子高出几倍。许多老师都称赞他，他也用心画好每一幅画。绘画是唯一能让他感到自己是有能力的。"

每个孩子都有他的潜能，就算是注意缺陷 / 多动障碍孩子，在他们感兴趣的方面，也能表现出专注的一面，发挥所长。只是，我们是否会吝于给他们以赞许，被怒火遮住了眼睛，看不见他们的天分？

淑芳在访谈接近尾声时，也说出自己在专注力、组织及表达上有一定的困难。无论儿子的注意缺陷 / 多动障碍是否遗传，淑芳这位母亲都能明白两个注意缺陷 / 多动障碍儿子的处境和独特需要，愿意用无比的耐心和爱心，鼓励他们发挥专长，创造自己的人生。

给孩子的心里话

孩子，希望你们可以健康成长，找到自己的目标。

假如你们长大后想当足球员，我会接受，也会支持。

你们一定要找到自己的目标，

找到目标就要努力去做，

最好自己要有计划，如果没有计划，空谈目标也是徒然！

妈妈希望你们长大后可以独立生活，找到工作，

好好地适应社会，

有自己的人生，

有自己的价值观。

淑芳

2. 机械娃娃和故事妈妈

我是个感情丰富的人，没想到，上天竟安排一位很冰冷、木无表情、像吸血鬼一样的女儿来到我的世界。

眼前这位妈妈名叫惠玲，蓄着瀑布一样的染色曲发，戴着近年流行的大框眼镜，穿着波希米亚风格的民族裙子，很有异乡人的味道。没错，她确实是一名异乡人，来自台湾，居港十二年了，嫁的是香港人，两个孩子也在香港土生土长，家里人都讲广东话。可是，这位妈妈跟其他香港妈妈还是有点不一样，正如她的两个孩子，他们跟其他小孩也有点不一样。

慧玲是两个孩子的母亲，大女儿今年九岁，小儿子今年七岁，在同一家普通小学念书。丈夫在广州工作，只在周末回家，一直以来，都是慧玲独自在香港带孩子。虽然她一直觉得女儿脾气古怪、情绪极端、行为固执，也有预感她可能有自闭症倾向，但直至去年，她才真正鼓起勇气带女儿接受评估，结果证实女儿患有阿斯伯格综合征，在自闭症谱系上显示为轻度至中度，而阿斯伯格综合征的表现则很明显。

她是一座冰山，一个机械人

阿斯伯格综合征是因脑功能异常而引致的发育障碍，患者没有明显的智力缺损和言语障碍，但有一定程度的固执行为和社交障碍，缺乏心智解读能力。社交及沟通是阿斯伯格综合征孩子的弱项，他们仿佛活在自己的世界里，容易沉迷于刻板的兴趣模式。

对于这些不一样的特质，慧玲都有深切体会，也受过不少煎熬。教养女儿已令她心力交瘁，雪上加霜的是，小儿子有注意缺陷的问题，也面临不少学习困难。"他睁着眼睛也能睡，上课就睡觉，在学校根本学不到任何东西。"儿子学习散漫，欠交功课是家常便饭。校方对家长步步紧逼，要求他们督促孩子跟上进度，这也让慧玲喘不过气来。

孤立无援的痛苦，甚至曾把慧玲推上自毁的路，与鬼门关擦身而过。今天，慧玲除了特殊儿童家长这一身份，还有另一个身份：擅长公开讲故事的"故事妈妈"。回首前路，她带笑感激："如果说，我能成为一位情感丰富的故事人，这一定要归功于我的女儿！我从孩子身上看到了很多希望。"

女儿的阿斯伯格综合征特质差点让慧玲家不成家。论个性，慧玲本身感受敏锐，是个性情澎湃的天生"演员"。每当她演说故事时，总是七情上面，绘形绘声。没想到，上天竟安排一位"很冰冷、木无表情、像吸血鬼一样"的女儿来到她的世界。

"女儿的情绪一直是最大的问题。她从小到大都只有'哭'或者'笑'，没有中间的情绪，平时也没有表情。"家里的气氛完全被她的极端情绪牵动。

"最厉害的时期，她会无缘无故在半夜四点狂哭，哭了整整半年，哭得连管理处也要报警。当时，她真的很讨人厌。"弟弟也怕了姐姐的哭闹，姐弟间常有争执，家无宁日。

阿斯伯格综合征孩子都缺乏社交或情绪的互动能力。一般人总以为喜怒哀乐是与生俱来的感受，其实绝非必然。慧玲说，女儿不仅不懂人家的情绪，连自己的情绪也不会表达。

譬如，爸爸要到台湾工作了，离家那天，女儿躲在房间里不肯出来，说："妈妈，我的眼睛生病了。我一直有水从眼睛里漏出来。"女儿九岁了，却连自己伤心得流眼泪这样的事情都不明白。

这道情感的"冰墙"，也曾让慧玲又生气又无奈。"有一次，我再也沉不住气，直接问她：'你到底知不知道我在生气？知不知道我为何生气？'我说得很大声，我知道她很害怕，但我反复质问她：'你知不知道？你明不明白？'想不到，还是小学生的女儿竟然无奈地长叹了一口气，回应道：'我很累了，如果你说你很生气，那你就很生气吧。'"

当时，慧玲只感到眼前的这个小女孩是多么冰冷，简直像吸血鬼一样："你用尽所有力气，关心她、爱她，但是她很冰冷，无止境地跟你索要东西，索要你的爱，索要你的关心，索要你的快乐。"

女儿的一板一眼、依从逻辑，让慧玲感到她像个按照程序运作的机械人。有一次，女儿告诉妈妈，原来她曾被同学发出死亡恐吓！"女儿说，二年级时有个大哥哥，整天在厕所门外等她出来，恐吓她说：'如果你回家以后做功课，我会杀了你！'一般的小孩应该会很害怕，会立即告诉妈妈，但我女儿等到三年级才对我说。她说，她分析过，那个大哥哥不会找到她的住处，况且学校也有老师和同学，大哥哥是没法下手杀死她的。"

女儿是我讲故事的师傅

情绪、语气、态度、想法……是多么抽象。对于一板一眼的阿斯伯格综合征孩子，该从何入手呢？若身边能有一位"生活解说员"，则好办得多。原来，慧玲超凡的讲故事技巧，就是从长年累月的解说中锻炼出来的。

"我不是天生表情丰富、讲故事动听，绝对不是。如果说，我是一个会讲故事的人，那女儿就是我的师傅。如果你没办法讲到她的心坎里，她就是一座冰山。我要跟她解释很多生活上的事情，像一个解说员，让她了解别人的需求、别人的感觉，还有她的需求、她的感觉。我要一直讲，一直讲，而且要让她听得懂，要讲得很仔细，她才能感受到。"情绪的辨识、内心的独白、行为的解码，都通过母亲贴心的解说，逐一打进女儿的心扉。

　　替女儿做评估的心理学家提醒慧玲："你的孩子很幸运，遇到你这个妈妈。这类孩子通常很难被发现，因为他们的问题是很内化的。"要不是家长及早发现，让孩子得到适当的协助和训练，阿斯伯格综合征孩子往往会演变成隐性个案。他们的成长持续被各种社交、沟通、情绪等问题困扰，智商再高，能力再强，也无法摆脱"怪人"的称号。

　　社交障碍为阿斯伯格综合征孩子带来许多成长的挑战。慧玲以女儿为例："当她走进一个社交环境，例如在教室里跟大家一起上课，一起玩，你会明显发觉这孩子会不耐烦，发脾气，一个人躲起来，完全不参与。"慧玲说，在陌生人面前，女儿就好像被"点了穴"一样，面无表情地呆站着。

　　当置身变化多端的社交情境，阿斯伯格综合征孩子往往不能作出合宜的反应。有一次，慧玲给了女儿一些糖果，让她带到学校请同学吃。女儿回家后对她说，同学们都觉得糖果很好吃，可是她还是有点不开心。女儿说："我问谁要吃糖果，每个人都抢着要，我也答应会给他们。突然间，有个同学冲出来，跪在地上，对我苦苦哀求：'我求求你！求求你！给我一颗糖！'有的就在黑板上写下'我要糖'三个大字。其实我都已经答应会给他们了，为何他们要那么可怜呢？"女儿就是不明白，同学们只是跟她闹着玩，大家一唱一和，搞搞气氛。纵然慧玲多番解释，女儿还是在疑惑："地板那么脏，为何他们要跪在地上呢？真可怜！"

我家孩子**不一样**

"弟弟把我赶出家门了"

即使是家人，也未必能顺利地和阿斯伯格综合征孩子建立亲密关系。由于这类孩子难以解读别人的话语、想法及行为，家中往往会有许多误会和冲突。

慧玲忆述，女儿常因小事跟弟弟吵架，弟弟生气了，总会骂她："你真烦！你走呀！"有次女儿在争执后跑到她的房间，凄凉地哭诉："弟弟把我赶出家门了。弟弟不让我回家，弟弟赶我走呀！"慧玲才明白她是误会了弟弟的气话，弟弟只是叫她"走开"一点，并不是要她"离开"这个家。

慧玲只能循循善诱，告诉女儿有何解决方法——暂时走出弟弟的视线范围，好让他冷静一下。其后，当弟弟再骂姐姐时，她就乖乖地走开，没有难过的情绪，也没有觉得被弟弟赶出家门了。女儿很需要慧玲这个妈妈在身边，给她作出生活上的各种解码。

"我应该当一个母亲，还是补习老师？"

不止女儿，慧玲的儿子也是个不一样的孩子。"儿子专注力不足，从小就知道他有学习的问题，上课就睡觉，睁着眼睛居然也能睡。他所有东西都是看卡通片、听妈妈讲故事学来的，然后自己想出来的。"就读二年级的儿子很讨厌上学，常因欠交功课、成绩不合格，被同学讥笑为"傻仔"，在学校被欺凌。

女儿和儿子都是就读普通幼儿园和小学。作为一位来自台湾的妈妈，在香港人地生疏，还要独自教养两名各有特殊需要的孩子，慧玲感到快要窒息了。她控诉："我最大的压力不是来自孩子，而是来自香港这个社会！"

慧玲认为香港的主流教育跟她的教养理念格格不入："我不会催迫孩子认字、学算术、写英文，学这学那。但老师总觉得是我高高在上，没有融入香港社会。他们都很强调，我现在是在香港生活，不是在台湾，再这样下去，孩子就会跟不上。可我真的不想孩子不停地做功课，根本没有时间玩！"有时老师会穷追不舍，三番五次打电话给慧玲，请她督促孩子订正好功课。慧玲不胜其烦，只好用上绝招："我就用左手帮女儿写字！功课都这么多了，哪有时间订正？所以，老师、家长都不喜欢我。家长也会对他们的孩子说，不要和我的女儿玩。我明白，这是很现实的问题。"

女儿读二年级时，中文科一整年都不曾及格，慧玲就尝试督促她学习，希望追上进度。可是，慧玲回看那一年，只有痛苦的回忆，好比活在炼狱。"看到她又不及格，我很生气，也是会打小孩的。"

当学业成绩与亲子关系互相拉扯，慧玲不禁质问："我应该当一个母亲，还是补习老师？家里只有我一个，若我选择了当老师，孩子就变成孤儿了！"

慧玲觉得，生活在香港，找不到足够的空间让她和孩子走自己的路。"身边每个人都希望我成为真正的香港人，每个人都说我应该怎样怎样，这让我感到很压迫。每个人都责怪我，说是因为我的管教太松了，才让他们在学习上有问题。刚开始时我也怀疑自己，可是我花了一些时间厘清自己的感觉，我到底是因为孩子而变得抑郁，还是因为自己？最终，我发觉问题在于我自己，而不是孩子。"

没有快乐的妈妈，就没有快乐的家庭

时光回到慧玲未嫁的岁月。那时候，她在台湾是个部门主管，手下有二十几人跟她打天下，是个不折不扣的女强人。"如果没有这两个孩子，我应该每天过着纸醉金迷、赚钱喝酒的玩乐生活，这种生活我过了很多年！"

自从在海外结识了她的丈夫，她毅然嫁到香港这个陌生地，她的人生因此有了翻天覆地的转变。由于丈夫在广州工作，只在周末回港，慧玲要在香港独自照顾孩子。虽然有夫家，但家人的冷漠态度也未能让慧玲好好适应在港的生活。

"女儿常常问我，为什么别人的爸爸会回家，她的爸爸就不在家？"丈夫跟自己、孩子的关系，总是很疏离。"去年暑假在台湾，我们一家四口才第一次整整一个月生活在一起！我女儿已经九岁了，这才是第一次！过去，他总是星期五晚上回来，星期一早上就走，回家都在睡觉，周末他不一定陪孩子玩，我们相处的时间真的太少了，这样的家庭很不健康。"

有恨过丈夫吗？"我恨死他！他一定知道我恨死他！我对他说过：'这一辈子我都不会原谅你，把我丢在香港十二年！'"

以前是跑江湖的烈女，婚后成了在家带着两个特殊孩子的妇人。这种身份的转变，把慧玲推向思想的死胡同。随着孤单无助的感觉变得无止境，终于，抑郁症来敲门了。

"家人都认为是我的问题，觉得是我胡思乱想，没事找事做，没事找罪受。好像千错万错，都是我的错，所以他们没有理我。那时候，我会写日记。我是用画的，内容大概是：这个家，养了一个人，而养这个人最大的目的就是要从她身上吸收养分，吸收她的爱、她的快乐。我当然想人家关心，想被人家重视，可是，最糟糕的感觉是，我不想再活下去！"

最坏的情况呢？慧玲幽幽地说："做了些挺恐怖的事情。"她缓缓拉起衣袖，两只手臂上布满一行行割手的伤痕，有深有浅。

自毁的行为，逐步加剧。慧玲忆起一次死里逃生的经历。"当时精神科医生给了我一些药丸，有安眠药、镇静剂之类的。有一天晚上，我一下子把所有药丸统统吞进肚子里。醒来时，已经隔了一整天！我没有去医院，家里也没有人发现我出了状况。他们只是奇怪，为什么我一直在睡觉。其实，我对夫家的人也很生气，为什么没有人理会我？"

从鬼门关侥幸逃出，是慧玲最深刻的一次逃离，也是最后一次。悲伤过后，她得到重生的醒悟："那次之后，我觉得我没法子这样一直下去。我先要做好一些事情，就是要当好孩子的妈。人不会像连续剧那样,永远幸福快乐地活下去。我就给自己时间理顺自己,于是开始经营自己的生活。我发现,自己生活健康、快乐,我的孩子也正常很多,他们也比较幸福、快乐。"

有句话,慧玲一直铭记在心,带她走出抑郁的日子。她坚定地说:"没有快乐的妈妈,就没有快乐的家庭。"

勇敢地与孩子同行

慧玲长年累月养育两个不一样的孩子,经过进修和活学活用,倒有不少心得。

知道阿斯伯格综合征孩子难于理解及表达情感后,慧玲会引导孩子在镜子面前认识表情。"当女儿准备要哭的时候,我就请她看看镜子里面的自己是怎样的。刚开始的时候,她很难接受自己的样子,很抗拒去看。我花了半年以上的时间,才让她学会认识自己的表情。"

在社交场合,阿斯伯格综合征孩子总是处处碰壁,不是让人觉得没礼貌,就是话不投机,很难融入圈子。对于许多社会规范和人际交往,阿斯伯格综合征孩子总是无法领会,要靠父母、师长耐心解说。

同理心也是要好好学习的。慧玲就会从生活细节里抓住一些关键时机教导女儿。以前,女儿会因为纯粹想发呆,霸着马桶不上厕所,让弟弟急得要尿裤子。慧玲就抓住时机,趁有一次女儿急着上厕所时把她挡在外面，让她感同身受，明白要让出厕所的道理。

慧玲相信，阿斯伯格综合征孩子最需要的是对情境的了解。对于每一个生活情境，慧玲都会不厌其烦地向女儿解说。

为了增加孩子与他人互动的机会，慧玲这个故事妈妈想出了一个两全其美的方法，就是带着孩子到处讲故事，有时到小区中心，有时到图书馆，让一群小孩子聚在一起听她讲故事。女儿有妈妈在旁，会比较安心，渐渐能跟其他孩子一起相处，一起玩。慧玲又故意带她去人多热闹的地方，乘坐不同的交通工具，品尝不同口味的食物："就这样一步一步去增加她的社会体验，教她适应社会，而不是要整个社会迁就她。"

对于小儿子专注力不足的学习问题，慧玲认为家长一定要调整心态，不要跟别人比较，也不要强迫子女学习。就算儿子的同学当面问她，为何她不强迫儿子做功课，甚至任由他欠交，慧玲也自有她的一套："欠交就欠交吧。欠交是因为功课太多，做也做不完。我们慢慢做，总有一天会做完的，对吧？我也不怕让孩子知道妈妈这种态度。我真的不想再回到追赶成绩的那段痛苦岁月。"

最近，慧玲的家庭出现了难得的转机。以前，丈夫总是广州、香港两地跑，对孩子比较冷淡，她也有过离婚的最坏打算。现在，随着丈夫态度的改变，主动致电回家，主动跟孩子聊天，重建亲子关系，慧玲也有新的体会："我不能再逃避了，孩子愈大，问题也愈多。我需要丈夫来帮我。孩子需要一个真正的家。"慧玲说，丈夫已经在她的老家台湾找到工作，他们将会举家移居台湾，在那里开始新生活，是一家四口的新生活。

孩子，比大人还要坚强

经历过人生低谷，慧玲这位故事妈妈也从两位不一样的孩子身上，看到许多人生希望。

"像我儿子，他在学业上碰到很多困难，在学校被人家叫'傻仔'，被人家欺负，被人家欺凌。人家嫌他做事很慢，甚至打他、骂他，老师亦不是很喜欢他，他都知道。但是，孩子没有放弃自己，他努力寻找自己会做的事情，证明自己的能力。他想航海，想去探险，想当圣诞老人的徒弟，想要改变世界。这种力量，比大人还要强大！"

给孩子的心里话

孩子，我希望你们可以慢慢长大，

慢慢去了解不同阶段的自己，

可以爱自己，

了解自己不一样的生活，

了解自己的改变，

再去感受这个世界的存在，

这就叫作生命。

快，过来，让妈妈抱一下！

慧玲

3. 不聪明也能加入人生进步组

儿子觉得老师误会了他，但他不懂得表达和解释……便发脾气冲出教室。

"人生胜利组"这五个字，谁不羡慕？能进入人生胜利组的人，仿佛受到幸福的加冕，代表出身好、学业佳、有前途，能直通康庄大道。然而，从小只有节节胜利，未尝挫败失意，是否就是真正的理想人生？一旦受挫，会不会一蹶不振？

换个说法，将"人生胜利组"换成"人生进步组"。若能进入"人生进步组"，每天都能找到进步的空间，岂不更妙？

对于爱胜利还是爱进步，文娟有深刻的体会。她与丈夫建立了一个小康之家，育有两个各走极端的儿子——长子是资优天才，幼子则是一度被评估为智能偏低的自闭症孩子，在人际社交上常常碰壁。

多年任职私人助理的文娟，一身简约打扮，说话明快，很有组织。倾谈之间，发现她是一个求知型母亲，在乎"理"；也不会忽略别人的感受，兼顾"情"。

"我的家庭成员有丈夫、我、两个儿子、家佣和一只狗。长子现年十九岁半，年前到加拿大去求学了。幼子十三岁半，现在念中学二年级，他有自闭症的特质。"文娟强调自闭症不是"病"，只是拥有某些不一样的特质而已。

"我不想他错过治疗时机"

幼子两岁半时忽然出现反常的倒退行为，文娟如何面对？文娟在培育自闭症儿子时，有何教养心得？当幼子在进步中成长，还入读了普通中学的精英班，她又如何在适当时候放手，让孩子在学习上不要过分紧张？

文娟回想起自己最初的发现与应对：当初发现幼子有倒退行为，很快由"震惊"转为"镇定"，果断地寻求评估和转介，只为把握训练和治疗的时机。

"从出生到两岁前，幼子的发展一直很正常，各方面都符合发展标准。直到他两岁半左右，我发现他有些不寻常的改变——之前一直懂得做的事、说的话，竟然像未学过一样！最初我们以为他在言语上出现了倒退行为，便带他去做言语评估。评估分为两部分，认知和表达。他在两方面都有迟缓，认知迟缓了九个月，表达甚至迟缓了一年，以一名两岁半的孩子来说，也算迟缓得厉害。"当时幼子只会鹦鹉学舌，重述别人的话，跟他说："你好吗？"他也只会重述："你好吗？"

文娟马上安排幼子接受言语治疗，同时替他找幼儿园入学。此时她亦发现，儿子除了言语能力倒退，也出现了一些自闭症倾向的症状，例如，喜欢看旋转的东西，坚持要走某些固定的路线，发脾气时会把头撞向家人或者咬人。

"看到他的古怪行为，我最初一头雾水，后来去找更多资料，发现幼子的某些行为的确出现在自闭症谱系范围内。我马上带他到一家私人中心，由临床心理学家做评估，希望确定他有没有自闭症倾向。"

事实上，家长的日常观察对补充评估资料十分重要。家长及照顾者可协助填写行为检查表，或在面谈时把观察结果告诉评估者，这些都有助于评估者了解儿童的能力及需要，让评估更客观、准确。

"当时幼子被评估为边缘个案，即介乎确诊与非确诊之间。我记得那位临床心理学家还问我：'你想不想我把你儿子写成有自闭症倾向？如果我写他有，用这份评估报告来排队报读特殊学位会快很多。'以儿子当时的情况，尚算能开口说话，只是说话的内容不合宜，他应该会轮候入读'I 位'。否则，心理学家建议我们再观察半年，看看儿子发展如何，再作下一步打算。我当时不作他想，马上决定：请你转介他报读'I 位'吧！我只想他早点接受训练。我知道'I 位'难求，我和丈夫已经想好，连学校地区也不用选，总之哪里有学位，我们就去试。"

在香港，受政府资助的学前儿童康复服务是由社会福利署负责中枢转介的，分为"S 位"：特殊幼儿中心；"I 位"：幼儿园暨幼儿中心兼收计划；"E 位"：早期教育及训练中心。当中枢转介系统收到学额空缺信息时，便会为符合资格要求的轮候儿童按其申请次序和所选地区编配。

在幼子入读幼儿园的同一年，他被确诊为"待分类的广泛性发育障碍"（pervasive developmental disorder not otherwise specified, PDD-NOS），是自闭症谱系障碍的一种，可理解为"非典型自闭症"，指一般带有自闭症的倾向，但那些症状却不能具体归类为自闭症或阿斯伯格综合征。

他一时气上心头，竟冲向栏杆

自闭症孩子在社交、沟通上障碍重重。在学校，他们容易受环境影响，也会因为无法表达自己的需求和情绪而大发脾气。若未能及时处理这些情绪波动和困扰，他们便会产生行为问题，例如大声叫嚷、攻击，甚至自我伤害。反之，若能妥善处理，家校并肩合作，自闭症学生一样能有效学习，投入校园生活。

由于幼子的能力足以入读普通小学，文娟便替儿子报读区内一间融合教学的学校。为了让他升读小学一年级时衔接更顺畅，她特意替幼子制作了一本背景资料册，写明他的特质、历年评估结果、接受过哪些训练、什么事情会刺激到他，请老师多加留意。文娟主动把资料册交给校方，让教导儿子的老师阅读参考。

"我主张家长与学校多沟通。很多时候，未必是谁对谁错，而是孩子不懂表达。学校很好，老师们都会淡化学生之间的摩擦，不会小事化大。要是老师能化解，就不用事事接触家长。

我觉得这样处理非常好，因为一旦接触家长，家长一定会有情绪起伏。"

家校合作基于彼此互信，共同合作。家长坦诚，让校方了解孩子的特殊需要，老师便容易作出调适和引导。

"有一次，幼子不知何故触摸了一位女同学，女同学的家长投诉。老师向对方解释，不用我去解释，结果对方也接受了。我相信儿子，不担心他行为会不会过火，因为我深知他个性单纯，一定是见到人家身上有些有趣的东西才会去摸，但我也会趁机教导他，以后不可以这样摸人。"

文娟总结幼子六年的小学生活，也算无风无浪。除了一次特别事件，惊动了校长，校长亲自打电话给她——"那一次，儿子突然从教室冲到走廊的栏杆前，想跳下去！老师当然大惊，马上把儿子拉到一旁，给他辅导。那时他好像是四、五年级。接到电话时，我正在公司工作，看见是校长来电，心知不妙。校长在电话中解释了事情的始末，说校方已在事后给予安慰和辅导，并请我回家后多关注儿子的情况。"

事后了解，儿子并非有什么重大困扰，只是一时气上心头，情绪不能自控。儿子觉得老师误会了他，但他不懂得表达和解释。他的性格率直，只知道自己并非老师想的那样，觉得被冤枉，便发脾气冲出教室。

其实，早在幼子一、二年级时，已有轻微的情绪行为问题，例如常常躲在桌子底下不肯出来，或者在上课中途走到教室后方，无所事事，有一次还因为发脾气大力抬起桌子，意外地撞到邻座的同学。"儿子觉得老师误会了他，无人明白他。他只是恼自己，气上心头便发出无情力，绝对无心伤害别人，也不会出手打人。"

"事后，我会向他了解事情发生的原因，有时候他也能说出大概：'我不是没有做功课，只是找不出来。'有时他会来不及交作业，也许是作业混在书包或抽屉里找不到。他明明记得带了作业，却因为找不出来，老师就当他欠交，他就会爆发。我唯有教他处理方法：'老师不会知道你内心的想法，所以下次你要好好准备，事先把作业拿出来。'年幼的时候，他没条理，书包里的东西总是乱七八糟的，长大后已改善很多。"不过文娟与幼子分析时，也不是完全顺利："他也会找借口，坚称是老师错怪了他。通常我会尽量听他解说，但最后我会让他知道，其实可以怎样处理。"

进步，不是因为他聪明

学业方面，幼子一直有进步，升中学后甚至入读了普通中学的精英班，令人鼓舞。谁会想到，他儿时曾经被评估为智商偏低？

升小学前，幼子曾接受智力评估，正常人的智商约为一百，而他的智商低于平均水平，只有七十至九十左右。对于这个评估结果，文娟并不认同："我相信幼子的智商没有那么低，我认为评估方法的客观程度值得商榷，但这个报告不会影响我对儿子的训练。"

幼子三、四年级时，接受了另一个心理学家的评估，结果智商有一百多。"我觉得这个结果较准确，虽然他的智商真的不高，但这个评估结果较能反映他的真实状况。儿子的读书成绩好，是因为他够勤奋，而不是天资优秀。"

文娟说，幼子的小学成绩只处于中游水平，不过一直有进步。一年级考第九十多名，之后逐年进步，六年级考得最好，排第二十九名。"他有进步，是因为他够勤奋。我只要求他在学习上跟自己比较、跟上次的成绩比较。因为每个人进步的速度不同，人家可能会快些，他会慢些。他也接受这种观点，对于自己一直有进步，也很有成功感。"

"我把幼子的评估报告放进一个活页夹，现在他知道自己打开查看，知道自己有自闭症倾向，我觉得毋须隐瞒。我对他说：'你小时候就是那样子，不过也没什么大不了的，你看，你一直都在进步。'"

妈妈当训练员

总结十多年培养孩子学习的心得，文娟有她的一套。第一，立场要坚定，手法则可以灵活。第二，认清功课责任，不宜过分紧张。

"家居训练一定要做，差别只在于做多做少。我要用行动让幼子知道，做训练是一种习惯。以前他的小肌肉较弱，要做捡豆训练，逐次用手指捡起黄豆，再放进瓶子。说实话，有时连我也觉得沉闷，他一定觉得更闷，因为他已经在外面训练时做过了。看他捡得累了，样子很没趣，我虽然要他照做，但会减少到十粒、八粒，让他较易接受，不会一味逃避。"

督促子女做作业，往往令好些家长头痛不已，文娟却不会与儿子作困兽斗："小学时，我只会给他签手册，看他有没有做齐作业，不会逐一检查他做得对不对。我跟他说清楚：'我的责任是签名，你有做作业我便签名，我不会检查你对或错，那是你的责任。如果老师说你错了，你就要改正，重做时要多注意。改正也是你的责任。'有时看到他的数学题有明显错误，我也会稍作提醒：'这题做错了，你要不要改正？'他说不改，我就由他，反正老师也会要他改正的。他知道是错的，不过就是不肯改。"

"作业低分有什么关系？作业错了，就知道自己的学习有何不足。若统统给他改好，他不会知道错在什么地方。作业，我都由他自己做。"

"差一点，我也变成怪兽家长"

当初知道幼子有特殊需要，文娟也曾千方百计去帮助他："我也算是个疯狂的母亲！当我知道他有些不一样的特质，便想尽办法去查数据、上网、买书、钻研各种知识。我们试过无数种疗法，高压氧、脊医、自然疗法、生物医学治疗、戒奶戒麦……除了戒口，还要服补充剂，也试过打针注射，做过很多测试。我专门负责搜集数据，看看什么方法能帮助孩子。我相信，每对父母都想把最好的给孩子。什么是最好的？每对父母的定义都不同，每个家庭能付出的也都不同。我的想法是，即使做尽所有治疗，儿子仍然进展不大，我也接受。"

"一直以来，我都上着班，从未停工。即使在幼子刚入学训练时，辞职的念头也只是闪过一下：'好吧，我辞职，照顾幼子。'但不到十秒，就打消了这个念头。因为我知道，若辞职在家教子，我会变成怪兽家长。这样对孩子、对我都不好。如果我活得不好，心理状态不好，对孩子一定不会好。就算我一天二十四小时在家照顾他，也未必能加速他的进步。"

哥哥资优，不过懒惰

哥哥是智商一百三十九的资优生，擅长立体空间和抽象概念。与哥哥相比，弟弟是否会感到自卑、落后？

"幼子知道哥哥很聪明，不过他也知道说：'哥哥很聪明，不过他懒惰！'我就顺势回应：'对呀，你不聪明，但你很勤奋。'他们兄弟俩早有分工。哥哥说：'将来，我们兄弟俩合作开公司，我负责用脑，弟弟负责执行！'哥哥也知道自己光想不做，所以由弟弟包办所有活儿最好。有时听见弟弟唠叨哥哥：'你不要那么懒散，快去念书吧！'我就觉得很好笑。"

长子已到国外念书，文娟也准备安排幼子到国外去学习：

"幼子很看重学业，这样一定会饱受香港的教育制度的折磨。如果要他一直跟随学校的步伐，他会身心俱疲，对他来说不是好事。"事实上，幼子在升入中学后，无论在学习上还在是人际交往上，都面临更多挑战。

"学校社工会安排一些像'大哥哥''大姐姐'的朋辈辅导员岗位给他们，帮助他们建立自信。幼子念中学二年级，今年他要协助中学一年级的新生适应中学生活。每星期有两天需要陪新生吃饭、聊天。他很自豪能当上大哥哥，但有时也会碰壁。有一次，这个辅导计划安排了室内集体活动，周围漆黑一片，儿子就一直说很害怕，不敢玩，全程由老师拉着他的手。我翻看活动照片，怎么都找不着儿子的踪影，原来他连吃饭时都是远远地坐到一边去了。事后，社工也曾告诉我，他整个上午都没法参与活动。"

"他很看重成绩。他念的中学，学习程度颇深，也会催促学生奋进，所以他能入读这所学校，我也感到意外。但那是他选择的第一志愿，我只好尊重他。升入中学第一年，他的成绩只是一般。但他真的很努力。我教他订立短期目标，他在第一、二次考试中全部达标。今年升入中学二年级，他被编入精英班。我早已提醒他，在精英班要有心理准备，他会是成绩最弱的一批。我曾问过他：'你情愿在非精英班考高名次，还是情愿在精英班考榜尾？'他说情愿留在精英班，因为非精英班的同学上课较吵闹，令他难以专心。他听不到老师讲解，就会发脾气，会很大声要求其他同学不要吵，同学们都不喜欢他。"

他有他的个性，有他的人生

"这群不一样的孩子，往往走一步退两步。有时我也会疑惑："明明上次做到了，怎么现在又打回原形？"当然我也会发脾气，每次发完脾气都只好安慰自己——"我也是人，我也会有情绪"，并尽快平复心情。"

"最难忘的一次，是他在一、二年级时参加朗诵比赛，当时我也在场。低年级的男同学声线很尖，朗诵时的语气、表情、动作都会很夸张。岂料，儿子竟然在人家比赛时"格格格"地大声笑出来！虽然当时不止他在笑，许多站在后排的家长也在笑，但评委只听见他的笑声。评委警告了他一两次，儿子还是忍不住笑。一名工作人员马上扬声问："这位小朋友的家长在哪儿？"我只好举手。现场所有人的眼睛都望向我，其他家长也窃窃私语，说我的儿子太离谱、没家教……工作人员说，要是这孩子继续这样，就请我带他出去。当时我真的很尴尬，恨不得挖个洞躲起来，儿子却不当一回事。那次真的令我毕生难忘，因为我带他去比赛，丈夫不在身旁，我要如何反应呢？难道逃之夭夭，不承认自己是他的家长？我没有生儿子的气，只是"泪向肚中流"。说真的，当时参赛者的演绎真的很好笑，不少家长也在掩着嘴巴笑，儿子不过是表达的方式不合宜，不懂得掩饰而已。"成人世界的眉头眼额、社交的潜规则，就是他们经常碰壁的地方，往往需要善意的提点。

"孩子未出生时，每个家长都希望孩子健康、快乐；出世之后，又会加上很多期望，希望孩子名列前茅、出人头地。我问自己，希望幼子怎样？我真心希望他健康、快乐。到现在为止，他真的健康、快乐。在他的世界里，好像不太晓得愁的滋味，要开心便开心，想闹脾气便闹脾气。他有他独特的个性，有他独特的人生经历。"

给孩子的心里话

孩子，希望你能继续做一个快乐、健康、有用的人。

我相信你的出生、你的生存，是有特别意义的。

正如每个人来到世上，都有其意义。

希望你能找到明确的生存目标，

做好你能胜任的事。

文娟

4. 我的女儿是夜青[1]

看她一身的吻痕和血痕，我直想昏过去！

墙上的挂钟，时针指向凌晨三点。

咏娴已经等得太累，明天还要早起上班，她只好躺到床上去。眼睛虽合上，脑袋却不能停下，想的都是小女儿的事情。三更半夜了，小女儿跟哪些人在胡混？街上有什么好玩的？她回来时，会不会又是满身血痕？她究竟知不知道，全家人都在担心她？

小女儿结识了一帮死党，最爱在街头消磨长夜。码头、公园、沙滩、便利店，都是她彻夜流连的地方。有时候踩滑板，有时候猜枚[2]，有时候无所事事，总之她不想回家。小女儿知道有些事情在变化，有些问题未解决，但她不愿去想，也不愿别人过问，最好这世界没人管她。

咏娴和她的夜青女儿度过了一个又一个无眠之夜。这场家庭风暴，不知道从何时开始酝酿，也不知道何时才会平息。

---

[1] 夜青：游荡在夜色中的青少年。
[2] 猜枚：一种游戏，多为酒令。玩法：把瓜子、莲子或黑白棋子等握在手心里，让别人猜单双、数目或颜色，猜中者为胜，不中者罚饮。

由名校女生到街头夜青

咏娴说，白天，小女儿是名校女生；深夜，她是街头夜青。

这位叛逆少女，曾是母亲口中的贴心小女孩，每当咏娴累了回家，才三四岁的她已懂得鉴貌辨色，会想尽法子来逗母亲欢喜："妈妈，来喝杯水吧！""妈妈，你看我画了什么送给你？"回忆中，母女之间有许多甜丝丝的片段。咏娴一直以为，小女儿从幼儿园已与姐姐一起入读名校，在安定中成长，她的人生轨迹，应该是笔直平坦的……

直到小女儿十五岁，在升中学三年级的暑假参与了一个课外活动，结识一帮新朋友，行为便出现突变。起初，她为了通宵去玩，会大闹情绪、狂哭、用粗口骂人、疯狂打游戏不上学。后来，她干脆走出家门，不接电话，不说行踪，成了街头夜青。带回家的，是显眼的吻痕，或是自残的血痕，令咏娴惶恐不安。看见女儿的偏差行为，咏娴既生气，也心痛。母女间的撕裂愈来愈大，甚至要由警察来调停。

也许是成长期的冲击，加上学业的挫败，再加上家庭的问题，还有新朋友的引诱……小女儿的世界完全颠覆了。访谈中，咏娴说了不止数十次："我很担心！"她的忧虑、她的郁结，跟她伤痕累累的家庭经历有关。一直活在死亡阴影下的她，说出过来人的心声，盼望女儿能打开心窗。

事实上，儿童及青少年的偏差行为，也是特殊教育需要之一。尤其当青少年进入发育阶段，往往面对许多生理、心理上的变化，假如他们不能适应这些急速的变化，便可能出现各种情绪与行为问题，例如逃学、离家出走、偷窃、暴力、未婚怀孕、滥用药物、自残、自杀等。假如身边人能在适当的时候提供帮助，也许能避免让这些过渡期的变化演变成摧毁人生的问题。

我感到兵败如山倒

咏娴忆述，小女儿在幼年时已很聪慧，脑筋转得快，学习速度也快。"比起同龄的孩子，小女儿是很卓越的。她一岁便会说话，姐姐比她大三岁，吵架也会输给她。我教导姐姐时，她会一边玩耍一边听，之后私底下跟我说：'你讲那么久，为何姐姐还不明白？我都懂了！'那时候她还不到三岁。她跟姐姐明显不同，她的心思可以分散到四面八方，不停地接收信息，好比'张开的天线'。"咏娴认为，这种"张开的天线"的个性会影响她的专注力，让她容易被其他事情干扰。

小女儿也善于人际交往，懂得察言观色。"有一次，我带她去拜访一位朋友，当时朋友正给她的大儿子训话，说他有什么不对，岂料女儿竟出言安抚：'大哥哥知错了！你这样骂他，他会不开心呢！不如你这样告诉他吧……'朋友说女儿真厉害。在学校，小女儿很受欢迎，因为她爱交朋友。姐姐曾说：'妹妹真厉害，她来教室找我，不一会儿就跟我的同学混熟了，连人家的名字也一一记得。'她很容易跟人家聊上，大小不拘。"

小女儿从幼儿园、小学到初中,只有小作怪,没有大出轨。直至升中学三年级那年的暑假,就读女校的她出现了翻天覆地的变化。

咏娴说:"当初,我希望她参加一些团体训练,学习纪律,增加体验。很不幸,她参加训练之后,噩梦就开始了!她结识了那个团体的前成员,还有他在外面的朋友,这些人不断拉她出去玩。本来我想她学吃苦、学纪律,怎知她去学坏!"

"两三个月之后,她简直完全大变!自此,她不再交代行踪,开始夜归,经常想着出去玩,我不准许,她就闹情绪。以前,女儿总是顺着我的。闹情绪时,她会嚎哭两三天,不肯做作业,只顾不停地打游戏,用粗口骂我。她有情绪起伏,我也有。我很强硬地对待她,以致家里的气氛很火爆,她也离我愈来愈远。我只感到兵败如山倒!

"那次她发了很大脾气,哭着说:'妈妈,你不准我出去玩,这样下去我会没有朋友!我不会再听你的话了!'她很愤怒,可是我也气得出不了声。如果我出声,可能会把她骂个半死,但我真的没见过她发这么大的脾气,当时连我的心也怯了。我想不通:到底发生了什么事?为何她只听外人的话,却不听妈妈的话?明明她一直都很安分的。

"女儿再轰炸我:'我就是要出去玩!你把我困在家中,我就顺你的意,留在家里什么也不做!'当时,我内心真的敲响了警钟。丈夫又跟我打对台,说我事事不准许,女儿自然不高兴，不如准许她出去玩，当给她一些甜头。我跟丈夫的管教方法有冲突，也构成夫妻间的压力。"

一直以来，小女儿的生活圈子都很简单，只围绕着家庭、学校。咏娴对她在外面结识不明来历的新朋友颇有意见："我真不明白，为何小女儿交朋友总是来者不拒？好像相识满天下，不会挑选朋友。初时，小女儿会在言谈间透露新朋友的背景：'到了他的家，地方很小，没几个房间，还跟叔叔一起住……为什么有些人的生活会这样？'你便知道她的朋友背景较复杂。她在外面的朋友，有些年纪比她小的，我也会担心，她会不会当上'大家姐'？我知道她有这种本事，真怕她在外面扩大自己的势力。放学后，有许多陌生人打电话给她，而通讯簿的名字都是用代号，什么'怪兽''野人'，根本无法猜想他们是何许人！女儿在外面结识了许多品流复杂的人，我很担心，于是我暗中查看她的脸书。我知道这样背叛了她对我的信任，但我真的别无他法！

"我看到她在脸书上跟朋友的对话。原来，有次她跟我吵架，在网上向朋友诉苦，那朋友竟然教她报复我！看到这里，我只有揪心的痛。

"很快，她经常夜归，甚至在外面玩通宵。放学后不知所踪，又不打电话给我，我很担心她的安全，怕她一走了之。我疯狂地打她的手机，她也不接电话。全家人就坐在沙发上等她。等她回家了，我问她：'你知不知道我们都很担心你？你为什么不给我们打一个电话？'她只讲了一句：'我要是问你，你一定不准我出去，我为什么要告诉你！'说罢便回房间去了。小女儿的行为，就是不断试探我的底线。我用尽方法，用尽我的爱，让所有人去帮她，都没法让小女儿变好。"

她这样伤害自己，我吓呆了

对于小女儿的剧变，咏娴百感交集。想起那个惊心动魄的画面，咏娴的泪水滚滚而下……

"那次，小女儿在凌晨十二时还未回家，我一直放心不下。当时我已有抑郁的状况。丈夫见我快要崩溃，让我先回房间睡，他在客厅等。我也真的太累了，便躺在床上，可是怎么也睡不着，只是一直哭。到了半夜两三点，听见有人开门，我已经累得不能起床。第二天我问丈夫，他说她看来没大问题，问她为什么夜归，她也是一声不响便回房间。过几天，就是农历新年，年三十晚她说要在外面玩通宵，我也阻止不了她。

"到了年初一早上，我们一家要去拜年，我见小女儿玩通宵后不愿起床，便掀开她的被子。那一刻，我真的吓呆了！我看见……我看见她穿着背心，双臂布满一道又一道自残的血痕！血痕看来是新添的，应该是数天内弄出来的。小女儿马上盖回被子，大发脾气：'你别管我！'当时我震惊到动弹不得，像被人点穴了一样。晚上我跟丈夫说起，他才想起数天前小女儿夜归，发现她的校服沾了血渍，问她何事，她只说是身边的朋友摔破了酒瓶，不小心弄伤了她。看见她的血痕，我真的很伤心，不明白女儿为何要自残。

"数天后，我发信息把内心感受告诉她，但她完全不回应，也不说出她为何自残，无人能触摸到她的内心。我们试过用不同的方法，可是，她一句也不肯透露。她也不再跟姐姐说心事，认定了姐姐是母亲的'内鬼'。那段时间，她总是穿长袖衣服，不许我们触碰她，任何身体接触都不喜欢。"

咏娴说，这些变化都是半年间发生的事。印象中，小女儿一直是个无忧无虑的孩子，顷刻变成自残少女，变化之快，让她措手不及。

"有一次，小女儿夜归回家，我发现她脸上、颈上布满吻痕。当时她才刚满十六岁。我看见她这副样子，心里真的很难过。她只是垂下头，试图用长发遮掩吻痕。我忍不住质问她：'为什么你颈上都是吻痕？'她表现出满不在乎的样子，说：'我跟人家猜枚，猜输了便要被人吻。'我说：'岂有此理！这样的游戏你也去玩？'她没好气地说：'有什么问题？你少啰唆吧！人家都是这样玩的。'"

整个家快散了

"丈夫很伤心，大女儿快要考公开试，看见妹妹这样也很难过，全家一片混乱。丈夫心情不好，却找大女儿陪他看电视到深夜。我担心这样会影响大女儿准备考试，丈夫却说：'你不要无时无刻逼女儿念书！看，小女儿已经被你逼成这样！'

他将所有矛头都指向我。为了小女儿的事，我们夫妻间经常发生摩擦。丈夫总觉得是我管教过严，把小女儿逼走的。我没法管束小女儿，向丈夫求助，他竟冷冷抛下一句：'我只负责赚钱养家，我给钱你用，你就搞好家庭！你不能管不好女儿就找我出手，我不是来帮你教女的！'是晦气话也好，是真心话也好，总之我们夫妻间的冲突很大。"

咏娴最困扰的时候，寻求辅导的协助，之后还同丈夫和小女儿一起接受辅导，尝试为打上死结的关系找出路。"辅导员建议我们跟小女儿约法三章，她可以在深夜去玩，唯一的要求是她必须定时报告行踪。辅导员定下规矩：小女儿要分别在凌晨一时、三时、五时发信息给我，让我知道她的行踪，就算传一张照片、打几个字也可以。

"本来，我觉得这种做法非常荒谬，这样岂不是'中门大开'，让小女儿理直气壮地玩通宵？丈夫却同意，认为总比她不知所踪好。在会议室的四个人，有三人同意，我反对也没用。结果，小女儿出去玩通宵时，真的在凌晨一时、三时、五时发信息给我。我看照片，都是一些公园、滑板场、码头……全是在街头流连。好端端一个名校生，竟变成街童，你说我心痛不？

"有一晚，我们全家外出跟亲戚吃饭，本来气氛很好。饭后，当时念大学的大女儿说跟朋友去玩，小女儿也说要去，原来她想趁机会合她的朋友。我知道了当然不准。小女儿待其他亲友走了，就在街上发难，大声用粗口骂我。我和丈夫火起，也回骂她。我趁机抢了她的手袋，她疯狂地质问我是否不准她去，我说当晚一定不行。她竟然一屁股坐在地上：'你不让我出去，我就不起来！'当时已是凌晨十二时，我们就这样在街上僵持。我再也没其他办法，便私下打电话叫警察。当时大家都很生气，只能找个中间人调停。警察提出了两个办法，一是小女儿跟我们回家，二是我和丈夫陪她站在街上一整晚，让她感到父母是关心她的。幸好，最后小女儿答应警察跟我们回家。"

她想要的只是认同

在青少年寻找自我的过程中，除了要面对个人、家庭的挑战，还要面对学校生活的挑战。咏娴认为，小女儿在初中时，在学习上已经得不到认同，也不属于名校重点栽培或乖乖的学生，在学校好像被放逐，让她愈走愈歪。

"此后，小女儿的成绩一落千丈。中学三年级那年，她只在考试前一两个星期临时抱佛脚，但求及格升班。中学四年级时，学习态度更差，经常迟到，又会无故缺席，对读书和考试爱理不理，总是玩到半夜才回家，考试才念书的方法已不能奏效，结果要留级。不过，学校的教育方针也有问题，只把机会留给成绩好的学生，成绩不好的，除非肯听教听话，否则不会得到任何发展的机会。我感到小女儿在学校得不到认同。其实每个学生都有自身的价值，但学校没看到。"

　　至今，咏娴仍未能从小女儿口中了解到她的困扰。她内心到底有什么巨大的痛苦，需要用自残的方式来解脱？惶恐不安的感觉，一直笼罩在这位母亲的心头："起初，小女儿知道我见到她割手的血痕会很伤心，会穿上长袖衣服遮掩。到后来，不只割手，连脚也割了！本来她一直穿长裤，我也不会知道，但有一次，她因为扭伤要泡脚，我见她遮遮掩掩，便忍不住动手拉开她的裤脚，怎料见到她的双腿布满血痕……我很害怕，真的很害怕，那个画面深深印在我的脑海。此后，我总是留意她有没有新的伤痕，总是提心吊胆。我不明白为何小女儿要这样糟蹋自己的身体！我身为人母，真的过不了这一关！"

　　咏娴的脑袋不停在想小女儿的事情，每晚伤心到不能入睡，白天带着没有灵魂的躯壳上班，眼泪总是不由自主地流下来。不过，即使在抑郁的最低潮，咏娴也没想过要自杀。只因为，她背负着一段不可告人的沉痛经历……

眼泪只装在肚子里

　　"为什么我不想自杀？这关乎我的过去。我的母亲，就是不停地自杀。她有严重的精神分裂症。小时候，我见过她自杀。有一次她跳海，父亲冲过去救她。还有一次，我见她在厨房拿起刀子，想朝自己的手剁下去！我当时吓得一声不吭，悄悄地走出厨房，通知外婆。长年以来，我知道她用尽各种方法自杀！

"回顾我的成长过程，我一直表现得很乖、很冷静，但其实我完全不会表达自己。我不会向师长好友说母亲的事，只会把伤痛深深地埋在心里。我坚决不会自杀，因为我知道自杀会伤害家人。母亲自杀的事，一直把我伤害到现在，所以我一定不会选择这条路，令我的家庭伤上加伤。"

咏娴母亲的自杀倾向，成为她挥之不去的童年阴影。想不到，另一位至亲的离世，令她的内心变得更沉郁……

"生下小女儿后，家人才告诉我，父亲肺癌病重，时日无多。我只探过他一两次，家人便说他'走了'，又不让我去灵堂。我以为家人不想我产后过度伤心。几年后，母亲不经意地说溜了嘴，原来父亲是在医院跳楼自杀死的！我知道后，眼泪一直流。就这样，我把死亡的伤痛压抑在心里多年。我甚至认为，哭是没有用的，我恨自己哭。"

我一直把重担扛在自己身上

"这一两年我才明白，我一直把家庭的重担扛在自己身上，所以不懂得怎样去玩、怎样享受生命。我要求自己有规有矩，结果承受很大压力。当小女儿进入叛逆期，她愈来愈感到妈妈是个要求规矩的人，不会明白她的心情，不能理解她的痛苦。如果可以改变过去，我想我会花多些时间陪小女儿玩，不会把心思全放在大女儿的功课上。我希望大家多储存一些开心、愉快的回忆。就像在小学阶段，小女儿总是懂得安抚我。当我不开心，她能很快感应到，会马上逗我：'妈妈，跟我一起玩吧！'她会用她的方法来让我平复。

"大女儿给我的感觉是'安心'，小女儿则是'窝心'。我跟大女儿，只要'摸心'就可以；跟小女儿呢，想'摸心'也摸不到！也许是我的管教方法有问题，以为可以把教大女儿的方法，照办煮碗，用来教小女儿，却忽略了她真正的需要和感受。"

除了青春期的影响，学业压力、家人关系、家庭环境的变化，也会冲击青少年的成长。咏娴承认，那段时间，家庭真的有事发生，但她不知道对女儿的影响会那么大。

"直至大女儿考公开试，她跟我有些冲突，在她情绪低落时，她说：'妈妈，有一年你跟爸爸吵架，吵完之后，你知不知道我失眠了整整一年？是整整一年呀！那时候我和妹妹猜想，你们会不会离婚？离婚的话，谁跟爸爸，谁跟妈妈……'原来她们私底下曾商量这些事。我真的不知道她们内心有阴影，我还以为她们成长得很好。

"我跟丈夫尽量不在女儿面前吵架。可能那时我们在家的天台说话太大声，让女儿听见了。在那一两年间，发生了两件事，把我们夫妻的关系弄得很僵。其中一件事是丈夫赌博输了很多钱，在债台高筑下不得不用房子抵押还钱。我真不明白为何他可以这样不负责任。我要丈夫白纸黑字立下誓约，他日再赌钱欠债，我会带走两个女儿，跟他离婚，他要放弃女儿的抚养权。"

除了夫妻关系恶化，咏娴的家庭还出现了一个重大转变："在小女儿中学二年级时，我的母亲情绪出现问题，又开始自杀。原来她年纪大，记忆力衰退，没法按时按量服用精神病药。她不住院时，我想贴身照顾她，便一家四口搬去跟她同住。

"但当小女儿跟外婆同住后，她从起初很疼爱外婆变为讨厌外婆。外婆有幻听，小女儿说外婆不时在她上学时致电给她，令她很烦扰。大家在生活上常有冲突。小女儿不明白，为何从前她很疼爱的外婆，现在变成烦人的外婆。当她心情不好时，外婆一句话就能引爆她的情绪。"

最后，咏娴总结小女儿由名校女生变为街头夜青的原因，也许是成长期的冲击、家庭的问题、学业的挫败、新朋友的引诱，交集成一个漩涡，把她扯向深渊。

她愿意报告行踪了

在持续的辅导下，现在小女儿的情况已经稳定下来，至少没再恶化下去。

"现在，小女儿夜归的情况有所改善，大部分时间都会回家吃晚饭，一星期只有一晚在外面玩通宵，比起以前不肯接电话、不知行踪，已经改善很多。现在发信息给她，她都会回复我。在家也少了讲粗口，没发那么大脾气。以前她总是板着臭脸，警告我们不要惹她。

"今年，她已经主动上学，有时迟到五分钟、十分钟，起初一星期只迟到一天。我知道她已经很努力在改善自己，展示了改变的决心。在学校，她受过那么多白眼，听过那么多冷言，她也尽力去保住出席率，不让自己被踢出学校。"

小女儿的困扰并非一朝一夕而成，咏娴也不期望它们能一夜解决，只希望小女儿能把心声说出来，让自己的人生轻省一点："小女儿把自己封锁起来，总是不肯打开心窗，不肯讲出她的困扰。我是过来人，我知道当一个人不肯打开心窗，只不过是把问题深深埋藏着，当有事情触发那些问题，他/她就会一下子把所有怨愤爆发出来。

"我曾经以为，只要把自己的问题深深埋藏，强迫自己忘记那些不快，就不会有事。原来我一直处理不到那些负面情绪，到现在小女儿出事了，我所有的问题便一下子爆发出来了。试想想，像我的年纪，五十岁了，到今天才来学习面对自己；作为一个十来岁的年轻人，她如何懂得去舒缓？这一点，我是谅解女儿的。

"我真的很希望，她可以把内心的垃圾倒清，可以很轻省地走她的人生路，找到更好的生活方式。"

"家"这个结，千丝万缕，真的不容易解开。从咏娴的口中，听到了母亲的心声。然而，从小女儿的角度去看，会不会是另一个版本的成长故事？趁还有人愿意开口说，希望这点心声，能成为母女间修补关系的一点助力。

给孩子的心里话

孩子，感谢你小时候带给我这么多愉快的回忆，

你和姐姐都带给我很多正能量。

也许，在你们成长的过程中，妈妈有许多事情做错了，

没有花时间了解你们，

也不理解你们的心情。

假如妈妈有做得不够好的地方，

我愿意跟你们说："对不起！"

说多少句"对不起"，我都愿意。

我只希望我的女儿能清理内心的垃圾，

能面对自己的情绪。

在你的生命里，一定要找到方向，让自己正面向前。

不是为妈妈，而是为自己去做。

我希望你懂得什么是真正的爱，

这是一门不简单的学问，

像妈妈五十岁了，还在学习。

原来，有时我用错了方法去爱，

将爱变成了负担，

我真不想你们重蹈覆辙。

我希望，我的女儿能感受到真正的爱，

同时也能把爱分享给别人。

咏娴

采访感想

访问了四位不同类别特殊教育需要孩子的家长，除了探讨这些不一样孩子的特质，我还尝试找出家庭中的矛盾，希望更深入地听到家长的心声。

情感澎湃的母亲，到底该如何跟机械人一般的阿斯伯格综合征女儿相处？家有虎爸，还有两个注意缺陷／多动障碍儿子，妈妈夹在中间，有多无奈？长子是资优生，幼子则有自闭症倾向，母亲如何在教养上调节？看着女儿由名校女生变为街头夜青，甚至自残，母亲心如刀割，如何反省管教方式？

通过接触和服务有特殊需要孩子的经历，我发现社会人士戴着许多有色眼镜看这些孩子及其家长。事实上，这些不一样的孩子本身面对的挑战已非比一般，有的甚至多于一种特殊需要。旁人往往直觉这是家长的管教有问题，让家长有口难言。

通过这些访谈，希望抽丝剥茧，展现家长如何发现、面对、帮助孩子，并重建家庭关系。

感谢受访的母亲，她们很勇敢，愿意以过来人的身份，坦诚剖析心路历程。访谈犹如坐上情绪的过山车，有真情，有激动，也有涟涟苦泪。一旦说到子女的进步和值得欣赏之处，母亲眼中又闪出亮光。除了讲述一段段刻骨铭心的亲身经历，每个案例后面还特意开辟了"给孩子的心里话",让母亲直接对孩子说出心声,当中有期盼,有祝福,有反省,更重要的是,充满不离不弃的爱。

当然,家长的心声只是其中一个视角,也有局限。如果有机会倾听孩子的心声,也许会读到另一些故事。

最后,寄望社会人士、一线工作人员、其他家长、同路人对这些不一样的孩子能多一些认识,对家长能多一点理解。

让我们祝福,守护,支持,同行。

总结：再思家庭经验

聆听故事

每次描述家庭的故事时，我都会不期然地回想这是个怎样的家庭，家里发生了怎样的事，这些事与案主的困境和成长机会有何联系。每一个家看似简单，由几位成员组成，但组合出来的家庭情境和关系却截然不同。我尝试将不同类别的家庭观念，联系案主所陈述的表征问题，按他们说出的不同生活片段，努力建构一幅立体的家庭图像。这幅家庭图像就像初绘的地图一样，只有几个检测点，于我却犹如手握指南针，铺设成探寻理解他们世界观的路径。

在探访家庭时，要尽力观察和记录成员间的对话，通过各人所用的不同词语和语气，探索各人对当前困境的观点和理解。关键是掌握他们说话的内容、运用的词句、讲述的语气、说话的对象等，这些都可以反映家庭成员的相处动态。治疗者如何听和听到什么，会受自身的社会阶层、成长经验和生活文化影响。当他忽视自己惯常使用的语言，其用语与求助家庭的用语存在差异的话，很容易偏听，容易只听到自己选择的内容，往往还未弄清楚状况，就自以为是，不自觉地急促下判断，错误引导了辅导方向。

我们对不同类别家庭的理解和认知，就如学习运用指南针读地图一样，知道如何从哪个方向着手探索。我细阅不同家庭案例访谈时记录下来的对话，反复重读，从家庭提供的零碎数据中，按图索骥，追溯那些千丝万缕的情况，找到不知如何着手的结，希望清理阻碍孩子成长的障碍。我运用"互动相处"的干预方法，在当下身处的情境中，推动家庭成员直接对话，将他们联结起来；当各人都有表述观点的机会，家庭成员就有机会彼此聆听，转机就可能出现。

视角的差异

诚然，我们也会受到家庭成员所用言词的局限——他们未必有丰富的词汇来表达自己所想所感。何况家庭成员的关系错综复杂，千丝万缕，无法三言两语道尽。每一个受助家庭都经历了无助，所以我们期待自己的言行态度和细心诊断，能转化家庭成员不良的沟通互动模式，协助家庭走出困局，就像甘露滋润了枯干的花，当下使受助者的生命多一份支持，增添一点希望。

每次走进家庭，我都刻意留意每位家庭成员的容貌神情、言语动作、选择的座位、衣着打扮等，捕捉当下的家庭实况和互动关系。孩子是家庭关系网络中的重要成员，面对孩子的情况，家庭成员不一定能理性表述，总是充满非理性情绪，对家中所发生的事也有不同的解说。我要学习及敏锐于他们陈述的不同观点，尝试从他们的观点看事物，尤其当各人的话都是<u>不</u>无道理时。

在思考治疗方案时，我尝试捕捉那些"进出"家庭系统的时机，避免以直接的因果关系描述问题的成因，竭力探索背后错综复杂的家庭关系。如果我们轻率地以为对问题已拥有绝对正确的理解，便很容易以个人的认知判断受助者，堕入控制别人改变的危机里。

自主求变

见证了那么多个家庭的成长，我认识到每一刻都存在可变的因素。

"变"是那么不确定，却又是有迹可寻。治疗者随着当下的变化，抱着"不肯定"的好奇心，追寻这个家庭习以为常的生活轨迹。

"变"又是那么自然，家庭随着生活情境或结构而发生改变，我们岂能简单论断。

"变"是教导我们尊重生命的可能，今天的困境可以成为明天的祝福。

"变"亦彰显家庭的生命力，即使经历患难痛苦，成员都没有放弃生存的希望。

"变"是生命影响生命的过程，也会受到生活情境的限制。

假如我们置身受助家庭所遭遇的困局和情景，亦未必应付得来。他们教导我们珍惜这一刻生命所拥有的，领悟我们所能做的是那么微不足道。

"变"需要一颗柔和谦逊的心，因受助家庭带给我的人生智慧，比我所知的更多。

"变"会带来危机和适应，所以家庭在变动中力求保持"不变"是可以理解的。

"变"需要一份关怀与爱，促进治疗师与家庭建立信任的紧密关系。因治疗师抱着对该家庭的信任和了解，家庭才允许治疗师参与寻找转变的机遇。

"变"伴随着当下的心境发生，只有当尝试改变问题的焦点时，才会发现其他可能性。

我庆幸有机会听到各个家庭的生命历程，体会每个成员的想法。每次探访家庭后，改变的岂止是受助家庭？我也能察觉自己的转变。诚然，他们走过的每一段经历，都使我惊叹于人生的无常和生命的可贵！

参考文献

Attwood, T., Moller-Nielsen, A., & Callesen, K. (2004). *The CAT-kit: Cognitive Affective Training.* www.cat-kit.com.

Attwood, T. (1998). *Asperger's Syndrome: A Guide for Parents and Professional.* London: Jessica Kingsley Publishers.

Baron, I. S. (2004). *Neuropsychological Evaluation of the Child.* New York: Oxford University Press.

Barkley, R. (2006). *Attention-Deficit Hyperactivity Disorder: A Handbook for Diagnosis and Treatment* (3rd ed.). New York: Guilford Press.

Beck, A. T. (1976). *Cognitive Therapy and the Emotional Disorders.* Madison, CT: International Universities Press.

Beck, A. T., Rush, A. J., Shaw, B. F., & Emery, G. (1979). *Cognitive Therapy of Depression.* New York: Guilford Press.

Beck, J. S. (1995). *Cognitive Therapy: Basics and Beyond.* New York: Guilford Press.

Beverly, O. (2010). *Language Development in Early Child.* Upper Saddle River, NJ: Merrill-Prentice.

Blanche, E., Botticelli, T., & Hallway, M. (1998). *Combining Neuro-developmental Treatment and Sensory Integration Principles.* Tucson, AZ: Therapy Skill Builders.

Carter, M., & Santomauro, J. (2004). *Space Travelers: An Interactive Program for Developing Social Understanding, Social Competence and Social Skills for Students with Asperger Syndrome, Autism and Other*

Social Cognitive Challenges. Shawnee Mission, KS: Autism Asperger Publishing Company.

Cheung, S. K., & Lam, C. W. (1992). *Report on the Study of Adolescent Depression.* Hong Kong: The Boys' and Girls' Clubs Association of Hong Kong.

Connor D. F., (2002). *Aggression and Antisocial Behavior in Children and Adolescent: Research and Treatment.* New York: Guilford Press.

Conners, C. K., et al. (2001).Multimodal Treatment of ADHD in the MTA: An Alternative Outcome Analysis. *Journal of the American Academy of Child and Adolescent Psychiatry, 40* (2), 159−167.

Cozolino, L. (2002). *The Neuroscience of Psychotherapy: Building and Rebuilding the Human Brain.* New York: Norton.

Diagnostic and Statistical Manual of Mental Disorders (5th ed.). (2013). American Psychiatric Association.

Elisabetta, F. (Ed.). (2002). *Clinical Linguistics: Theory and Applications in Speech Pathology and Therapy.* Amsterdam, PA: John Benjamins Pub.

Erikson, E. (1963). *Childhood and Society* (2nd ed.). New York: Norton.

Erikson, E. (1982). *The Life Cycle Completed.* New York: Norton.

Forgatch, M., Bullock, B., & Patterson, G. (2004). *From Theory to Practice: Increasing Effective Parenting through Role-Play.* In H. Steiner (Ed.). *Handbook of Mental Health Intervention in Children and Adolescents: An Integrated Developmental Approach.* San Francisco, CA: Jossey-Bass, pp. 782−813.

Froelich, J., Doepfner, M., & Lehmkuhl, G. (2002). Effects of Combined Cognitive Behavioral Treatment with Parent Management Training in ADHD. *Behavioral and Cognitive Psychotherapy, 30* (1), 111−115.

Greenberg, M. T. (1999). Attachment and Psychopathology in Childhood. In J. Cassidy, & P. R. Shaver (Eds.). *Handbook of Attachment: Theory,*

Research, and Clinical Application. New York: Guilford Press, pp.469−496.

Gutstein, S. E., & Sheely, R. K. (2002). *Relationship Development Intervention with Young Children: Social and Emotional Development Activities for Asperger Syndrome, Austin, PDD and NLD*. London: Jessica Kingsley Publishers.

Hans, S., Julia, H., Pascale, G. S., Rebecca, E. H., & Hayward, R. C. (2011). Psychiatric Diagnosis, Case Formulation, and Treatment Planning Along the Principle of Developmental Psychiatry. In Hans Steiner (Ed.), *Handbook of Developmental Psychiatry*. Hackensack, NJ: World Scientific.

Hollon, S. D., & Beck, A. T. (1986). Cognitive and Cognitive-Behavioral Therapies. In S. L. Garfield & A. E. Bergin (Eds.), *Handbook of Psychotherapy and Behavior Change* (Part III, Chapter 10). New York: John Wiley & Sons.

Hong Kong Family Welfare Society (1989). *Strengthening Families: A Collection of Frontline Experiences*. Hong Kong: Hong Kong Family Welfare Society.

Hong Kong Association of Speech Therapists (2005). *Constitution of the Hong Kong Association of Speech Therapists*. Hong Kong: The Hong Kong Association of Speech Therapists.

Hsu, J. (1985). The Chinese Family: Relations, Problems and Therapy. In W. S. Tseng., & D. Y. H. Wu. (Eds.), *Chinese Culture and Mental Health*. New York: Academic Press, pp.95−112.

Hynd et al. (1990). Brian Morphology in Developmental Dyslexia and Attention Deficit Hyperactivity Disorder; Morphometric Analysts of MRI. *Journal of Learning Disability, 24,* 141−146.

Iwald, G. V., & Pierce, K. B. (2008). *Language Development: Learning and Disorder*. New York: Nova Science Publishers.

Ives, M. (1999). *What Is Asperger Syndrome, and How Will It Affect Me?* London: The National Autistic Society.

Joffe, V., Cruice, M., & Chiat, S. (2008). *Language Disorders in Children and Adults (electronic version): New Issues in Research and Practice.* New York: John Wiley & Sons.

Kochenderfer, B. J., & Ladd, G. W. (1996). Peer Victimization: Cause or Consequence of School Maladjustment? *Child Development*, *67*, 1305−1317.

Lam, C. M. (2003). In Search of the Meaning of Parent Education in the Hong Kong Chinese Context. In M. J. Kane (Ed.), *Contemporary Issues in Parenting* (pp.111−124). New York: Nova Science Publisher, Inc.

Lam, A. K., & Ho, T. P. (2010). Early Adolescent Outcome of Attention-Deficit Hyperactivity Disorder in a Chinese Population: 5-Year Follow-Up Study. *Hong Kong Medical Journal*, *16* (4), 257−264.

Landerl, K., & Moll, K. (2010). Comorbidity of Specific Learning Disorder: Prevalence & Familial Transmission, *Journey of Child Psychology Psychiatry*, *51* (3), 287−294.

Lord, C., Shulman, C., & Di Lavore, P. (2004). Regression and Word Loss in Autistic Spectrum Disorders, *Journal of Child Psychological Psychiatry*, *45* (5), 936−955.

Leung, A. (1992). The Use of Structural Family Therapy Concepts in Understanding Families with Pre-school Handicapped Children. *Hong Kong Journal of Mental Health*, *21* (2), 65−74.

Ma, L. C. (1987). The Practice of Family Therapy in Hong Kong: A Cultural Dilemma. *Hong Kong Journal of Mental Health*, *16* (2), 56−62.

Minuchin, P., Colapinto, J., & Minuchin, S. (2000). *Working with the Families of the Poor.* New York: Guilford Press.

Minuchin, S., & Fishman, H. C. (1981). *Family Therapy Techniques.* New York: Harvard University Press.

Micucci, J. A. (1998). *The Adolescent in Family Therapy*. New York: Guilford Press.

Minuchin, S. (1978). *Families and Family Therapy*. London: Tavistock.

Mooney, J., & Cole, D. (2000). *Learning outside the Lines: Two Ivy League Students with Learning Disabilities and ADHD Give You the Tools for Academic Success and Educational Revolution*. New York: Fireside.

Myers, S. M., & Johnson, C. P. (2007). Management of Children with Autism Spectrum Disorders. *Pediatrics*, *120*, 1162−1182.

Newman, B., & Newman, P. (1999). *Development through Life: A Psychosocial Approach* (7th ed.). New York: Brooks / Cole.

Nichols, M. P., & Fellenberg, S. (2000). The Effective Use of Enactments in Family Therapy: Discovery-Oriented Process Study. *Journal of Marital and Family Therapy*, *26*, 143−152.

Fletcher, P., et al. (2000). *Standing Committee on Language Education and Research. Cantonese Preschool Language Development: A Guide*. Hong Kong: Standing Committee on Language Education and Research.

Piaget, J., & Inhelder, B. (1969). *The Psychology of the Child*. New York: Basic Books.

Pliszka, S. R., Carlson, C., & Swanson, J. M. (1999). *ADHD with Comorbid Disorders: Clinical Assessment and Management*. New York: Guilford Press.

Reis, S. M., & McCoach, D. B. (2000). The Underachievement of Gifted Students: What Do We Know and Where Do We Go? *Gifted Child Quarterly*, *44*, 152−170.

Roddam, H., & Skeat, J. (2010). *Embedding Evidence-Based Practice in Speech and Language Therapy: International Examples*. New York: John Wiley & Sons.

Shaffer, D. R. (1996). *Development Psychology: Childhood and Adolescent* (4th ed.). New York: Books / Cole.

Shaywitz, S. E., & Shaywitz, B. A. (2008). Pay Attention to Reading: The Neurobiology of Reading and Dyslexia. *Developmental Psychopathology*, *20* (4), 1329−1349.

Sherman, E., & Reid, W. J. (1994). *Qualitative Research in Social Work*. New York: Columbia University Press.

Shulman, B. B., & Singleton, N. C. (2010). *Language Development: Foundations, Processes and Clinical Applications*. Sudbury, MA: Jones and Bartlett Publishers.

Sroufe, L. A., Fox, N. E., & Pancake, V. R. (1983). Attachment and Dependency in Developmental Perspective. *Child Development*, *54*, 1615−1627.

Steiner, H. (2004). *Handbook of Mental Health Interventions in Children and Adolescents: An Integrated Developmental Approach*. San Francisco, CA: Jossey-Bass.

Sundberg, M. L., & Michael, J. (2001). The Benefits of Skinner's Analysis of Verbal Behavior for Children With Autism. *Behavior Modification*, *25*, 698−724.

Swanson, H. L., Xinhua, Z., & Jerman, O. (2009). Working Memory, Short-term Memory, and Reading Disabilities: A Selective Meta-analysis of the Literature. *Journal of Learning Disabilities*, *42* (3), 260−287.

Sutton, S., Yack, E., & Aquila, P. (1998). *Building Bridges through Sensory Integration: Therapy for Children with Autism and Other Pervasive Developmental Disorders* (2nd ed). Las Vegas, NV: Sensory Resources.

Walsh, F. (1998). *Strengthening Family Resilience*. New York: Guilford Press.

White, M., & Epston, D. (1990). *Narrative Means to Therapeutic Ends*.

New York: Norton, pp.38-75.

Yin, R. (1994). *Case Study Research: Design and Methods* (2nd ed.). Thousand Oaks, CA: Sage.

Zubrick, S. R., Williams, A. A., Silburn, S. R., & Vimpani, G. (2000). *Indicators of Social and Family Functioning*. Australia: Department of Family and Community Service.

《中译心理学词汇》编译组与社会研究中心.中译心理学词汇［M］.香港：香港中文大学出版社，1982.

高刘宝慈，区泽光.个案工作：理论及案例［M］.香港：香港中文大学出版社，2001.

马丽庄.青少年与家庭治疗［M］.台北：五南图书出版有限公司，2001.

黄富强.精神病临床个案管理——致病性、压力模式［M］.黄富强，喻慧敏，译.香港：香港中文大学出版社，2007.

东尼·艾伍德.亚斯伯格症进阶完整版：写给家长、患者和专业人员的完全手册［M］.刘琼英，译.台北：智园出版社，2009.

天宝·葛兰汀.我看世界的方法跟你不一样：给自闭症家庭的实用指南［M］.廖婉如，译.台北：心灵工坊，2012.

孔繁钟.DSM-IV-TR精神疾病诊断准则手册（第四版内文革新版）［M］.台北：合记图书出版社，2007.

致谢

　　家庭是个人成长的生命园地，我们有幸成为滋润家庭的园丁。

　　这本书记录了不同特殊教育需要孩子及家庭的生命故事。我特别感谢故事中的家庭及接受专访的家长，给我机会进入他们的家庭生活，见证家庭的成长故事。过去两年，我努力构思如何呈现特殊教育需要孩子的多面性，给读者崭新视角，理解他们的发展需要和心智特性。

　　感谢邝宝芝小姐，她运用新闻专业和传媒采访的工作经验，协助笔者为个案家长写访谈，替不同类别特殊教育需要孩子的家长道出心声。

　　与家庭同行，我常心怀感恩，目睹孩子纵然经历重重困难和考验，仍以努力和勇气面对和克服先天障碍。同时，我深刻体会到父母及其他家人为孩子创造美好生活，对孩子成长的那份承担和无尽的爱。

　　笔者由衷感谢曾义务参与家庭探访或面谈的专科医生、言语治疗师、物理治疗师和教育局前首席督学的支持，他们与我一道跟随家庭的成长步伐，陪伴孩子走过生命的艰难之路，见证他们生命的各种可能。尽管我们尝试运用医学、心理辅导、家庭治疗和临床经验的专业干预，但我们不敢自诩是专家学者。事实上，我们所做的微不足道，宝贵的是与家庭同行并努力察觉新的图像，拓展孩子个人、家庭生活及其人际和社会关系。我们在边做边学中顿悟，若能与相遇的家庭彼此滋润，彼此祝福，也是园丁的追求。我非常珍惜同行的机会，书写这本书亦是我个人对弱势社群的关怀和贡献。

最后，感谢突破出版社策划编辑伍咏慈小姐的专业协助。这一切美好的人和事为我的临床专业写下新的生命故事。

图书在版编目（CIP）数据

我家孩子不一样：特殊教育需要子女的治疗与成长 /
罗健文著. — 上海：上海教育出版社，2023.4
（教子有方系列）
ISBN 978-7-5720-1836-7

Ⅰ.①我… Ⅱ.①罗… Ⅲ.①儿童教育-特殊教育-
家庭教育-研究 Ⅳ.①G78

中国国家版本馆CIP数据核字(2023)第049605号

责任编辑　廖承琳
封面设计　郑　艺
插图设计　陈诗韻

Wojia Haizi Buyiyang——Teshu Jiaoyu Xuyao Zinü de Zhiliao yu Chengzhang
我家孩子不一样——特殊教育需要子女的治疗与成长
罗健文　著

出版发行　上海教育出版社有限公司
官　　网　www.seph.com.cn
地　　址　上海市闵行区号景路159弄C座
邮　　编　201101
印　　刷　上海展强印刷有限公司
开　　本　640×965　1/16　印张 14.5
字　　数　145 千字
版　　次　2023年4月第1版
印　　次　2023年4月第1次印刷
书　　号　ISBN 978-7-5720-1836-7/G·1736
定　　价　49.80 元

如发现质量问题，读者可向本社调换　电话：021-64373213